SASKIA DRUSKE

MIT *Leichtigkeit* DURCH DEN ALLTAG

— 365 —

effektive Tipps und Übungen für mehr Gelassenheit und innere Ruhe

GARS
VERLAG
www.gars-verlag.de

Impressum

Deutschsprachige Erstausgabe 2022

Saskia Druskeit wird vertreten durch:
GARS Verlag
c/o Block Services Stuttgarter Str. 106
70736 Fellbach
E-Mail: info@gars-verlag.de

Covergestaltung und Satz: Jasmin Raif von Sprudelkopf Design – www.sprudelkoepfe.com
Bildmaterial und Illustrationen: iStockphoto ©bluejayphoto, ©Roberto Scandola, ©Chinnapong, ©iggykov, ©Dpin und ©Punnarong
Lektorat: Rieke Conzen
Korrektorat: Rieke Conzen
Autorenbild Fotografie: Anika Raube
Herstellung und Verlag: GARS Verlag

1. Auflage
Verantwortlich für den Druck: Bookmundo – ein Service von Mybestseller B.V., Delftestraat 33, 3013AE Rotterdam

Inhalt

Kapitel 1:

Basislager

GUTE VORBEREITUNG IST DER HALBE ERFOLG

JEDE REISE BEGINNT MIT EINEM ERSTEN SCHRITT

Wäre es nicht schön? Stell dir vor, du bist in jeder Situation gelassen, relaxt, positiv gestimmt oder wenigstens besonnen und entspannt. Nichts kann dich aus der Ruhe bringen, denn du weißt: Es gibt für alles eine Lösung, es wird sich alles zum Guten wenden und jedes Problem ist nur eine Herausforderung, die du meistern kannst. Diese innere Haltung von Gelassenheit gibt dir eine Form von Sicherheit, die auch DU erreichen kannst, so dass dich nichts mehr so schnell aus der Bahn werfen kann.

1 Ticket to Happiness

Gelassenheit macht glücklich! Die Dinge, die dich unglücklich machen, die dir Sorgen bereiten, hängen fast immer auch mit deinem Level an Stress bzw. deinem Mangel an Gelassenheit zusammen. Es ist wie eine Spirale: Je weniger Sorgen und Stress du dir machst, umso gelassener bist du. Andersherum ist es aber einfacher: Je gelassener du auf die Stolpersteine in deinem Leben reagieren kannst, umso weniger Stress und Sorgen empfindest du. Dieses Buch soll dir durch mehr Gelassenheit auch zu einem glücklicheren Leben verhelfen.

Den ersten Schritt hast du bereits gemacht. Du liest dieses Buch. Um für deinen Weg zur Gelassenheit gut gerüstet zu sein, erfährst du in diesem Kapitel wichtige grundsätzliche psychologische Basics, die dir helfen zu verstehen, warum Gelassenheit maßgeblich zu einem glücklicheren Leben beiträgt und was dir manchmal im Weg stehen kann. Dich erwarten auf den folgenden Seiten vor allem Wissensperlen und Reflexionsübungen, um dich selbst noch besser kennenzulernen. Dieses Wissen hilft dir, die später im Buch folgenden Übungen effektiver nutzen zu können, um so deinen ganz eigenen Weg zum Gipfel der Gelassenheit zu finden.

Hier kommen auch schon **ein paar erste Tipps für dich**, wie du dich für deinen Erfolg vorbereiten kannst.

2 Tipp: Workbook

Du findest in diesem Buch in allen Kapiteln immer wieder Übungen, Tipps und Reflexionsfragen. Wenn du magst, legst du dir ein schönes Notizbuch an, in dem du parallel zum Buch arbeiten kannst. Später kannst du in einer neuen Situation immer wieder darin nachschlagen, ohne das ganze Buch noch einmal zu lesen.

Du kannst dir deine individuellen Reflexionen und Übungen so zusammenstellen, dass du dir am Ende einen ganz eigenen Rucksack voller Inspirationen auf deinem Weg zu mehr Entspannung und Gelassenheit gepackt hast. Dieser Rucksack kann dir später in akuten Fällen, wenn du mal wieder deine Gelassenheit suchst, helfen. Er unterstützt dich aber auch, langfristig entspannter und gelassener auf die ups and downs im Leben zu reagieren, indem du immer mal wieder nachschlagen kannst, um dich an deine Ziele und Möglichkeiten zu erinnern.

3 Übung: Time for Change und Change needs Time

Nachhaltige Veränderungen brauchen vor allem zwei Dinge: Zeit und viele Wiederholungen. Damit sich neue Strategien über die abgespeicherten Verhaltensmuster legen können, musst du deine bisherigen Reaktionsmuster als Erstes einmal reflektieren, um dann nach und nach neue Ideen auszuprobieren und zu festigen.

Stell dir jeden Tag 3 Fragen, für die du dir einmal am Tag ein paar Minuten Ruhe fest einplanst:

- Was ist heute gut bzw. besser gelaufen als gestern?
- Was habe ich heute neu über mich oder andere gelernt?
- Was möchte ich morgen anders machen oder neu ausprobieren?

Siehe auch Kapitel 5 Rituale ab # 348.

4 Tipp: Trainingspartner suchen

Um den Gipfel der Gelassenheit zu erreichen, ist es gut, wenn du dir einen oder mehrere Trainingspartner für deinen Weg suchst. Erzähle Freunden von deinem Vorhaben und beziehe sie in deinen Plan ein. Besprich mit diesen vertrauten Personen deinen Weg, feiert gemeinsam Erfolge und besprecht die möglichen Stolpersteine auf dem Weg zum Ziel. Das gibt deinem Ziel zum einen mehr Gewicht, zum anderen hast du dadurch jemanden an deiner Seite, der dir helfen kann, dein Gepäck auf dem Weg zu tragen.

JETZT REICHT'S – DEINE TRIGGER

5 Warum regst du dich so auf?

Jeder Mensch ist individuell. So weit, so klar. Jeder von uns hat seine eigene Geschichte, seine eigenen Erfahrungen, eigene Wünsche und Ziele und natürlich auch seine eigenen Bedürfnisse und Werte, auf die ich später in diesem Buch noch genauer eingehen werde. Logischerweise hat damit auch jeder von uns seine eigenen Triggerpunkte. Das sind genau die Momente, die sprichwörtlich „das Fass zum Überlaufen bringen" und in denen deine Gelassenheit auf eine harte Probe gestellt wird.

Auf deine persönlichen Trigger kannst du mit verschiedenen Emotionen reagieren. Es gibt Trigger, die machen dich wütend. Andere machen dich traurig oder verletzen dich. Werden diese Trigger nun zur falschen Zeit, von der falschen Person oder auch im falschen Kontext angesprochen, ist die entsprechende emotionale Reaktion vorprogrammiert (siehe auch Kapitel 1 Good Feelings ab # 44).

6 Erfahrungswerte

Deine ganz eigenen Trigger hängen maßgeblich von deinen Erfahrungen ab. Situationen, die du das erste Mal erlebst, werden weniger heftige Gefühle in dir hervorrufen. Es sei denn, du hast

Ähnliches schon einmal erlebt. Wenn du in der Vergangenheit eine Situation mit negativen Gefühlen in Verbindung gebracht hast, hast du sie als schlechte Erfahrung abgespeichert. Kommt es ein weiteres Mal zu einer gleichen oder ähnlichen Situation, holt dein Gedächtnis diese Erinnerungen mitsamt den unguten Gefühlen dazu wieder an die Oberfläche. Das führt dann dazu, dass in bestimmten Momenten deine Gelassenheit wie Butter in der Sonne schmilzt.

7 Übung: Deine Trigger

Nimm dir etwas Zeit und überlege dir, ob du ein paar deiner Trigger entlarven kannst. Was regt dich eigentlich immer auf? Was macht dich immer wieder traurig? In welchen Momenten bist du häufig enttäuscht? Hier kommen ein paar Beispiele, die ich häufig von meinen Klient:innen höre. Selbstverständlich können das bei dir auch ganz andere Situationen sein. Manchmal sind es nur Kleinigkeiten und Banalitäten, die für dich aber kaum auszuhalten sind.

- Menschen telefonieren laut im Zug.
- Menschen schmatzen oder schlürfen am Nachbartisch.
- Jemand knipst ständig an einem Kugelschreiber herum.
- Es gibt Schleicher auf der Autobahn, wenn du es eilig hast.
- Es herrscht wieder Unordnung, obwohl du gerade aufgeräumt hast.
- Schubladen oder Toilettendeckel stehen offen.
- Man hört dir nicht zu oder man nimmt dich nicht ernst.
- ...

Welche Triggerpunkte hast du?

8 Wie konnte das passieren?

Wunderst du dich, warum du manchmal schon bei vermeintlichen Kleinigkeiten in die Luft gehst oder völlig überreagierst? Wenn dein Unterbewusstsein eine ähnliche Situation schon einmal mit negativen Gefühlen belegt und abgespeichert hat, reagierst du von diesem Unterbewusstsein gesteuert mit einer übertriebenen Reaktion, auch wenn es in diesem Fall vielleicht nicht nötig gewesen wäre (siehe auch # 6). So ärgerlich dir das auch erscheint, es ist eine Schutzreaktion deines Gehirns, um dich vor weiteren unangenehmen Gefühlen und Erfahrungen zu bewahren.[1]

9 Übung: Wie reagierst du?

In der letzten Übung hast du bereits ein paar deiner Trigger identifiziert. Jetzt gehen wir einen Schritt weiter. Wie hast du in den wiederkehrenden Situationen, die dir eingefallen sind, reagiert? Hast du den Raum verlassen? Bist du laut geworden? Hast du dein Gegenüber beschimpft? Vielleicht hast du auch geweint? Wie ist deine übliche Reaktion, wenn deine Grenzen überschritten werden?

Nutze auch hier dein Workbook, um dir diese Momente in Erinnerung zu rufen und deine entsprechenden Reaktionen aufzuschreiben.

10 Übung: Geht es auch anders?

In dieser Übung geht es darum, deine Trigger und dein bisheriges Verhalten um eine weitere Überlegung zu ergänzen. Denk an eine wiederkehrende Situation und betrachte sie gedanklich noch einmal von außen: Wie hättest du dann gerne anders reagiert? Wie wäre deine Reaktion gewesen, wenn du gelassener und entspannter gewesen wärst? Schreibe deine Wunschreaktion(en) auf und ergänze sie immer dann, wenn dir noch eine neue Handlungsalternative einfällt.

Beispiele:

- Ich hätte verständnisvoller sein können.
- Ich hätte Trost annehmen können.
- Ich hätte die Situation verlassen können.
- …

Diese Übung verknüpft die zurückliegenden Situationen in deinem Gehirn mit deinen Handlungsalternativen. Je öfter du diese Übung wiederholst, umso größer ist der Trainingseffekt. Nach und nach erinnert sich dein Gehirn auch in zukünftig akuten Situationen an deine gewünschte Reaktionsweise und kann diese umsetzen.

BÜHNE DES LEBENS – DEINE ROLLEN

In deinem Leben erfüllst du viele verschiedene Rollen. Das bedeutet nicht, dass du Theater spielst. Es sind einfach die verschiedenen Anteile deiner Persönlichkeit. Einige davon kannst du bewusst beeinflussen, andere sind Teil deines Unterbewusstseins. Du bist zum Beispiel auf jeden Fall immer Tochter oder Sohn von jemandem. Vielleicht bist du Partner:in in einer Beziehung, Freund:in, Kolleg:in, Nachbar:in? Dann sind da noch deine unbewussten Rollen. Du bist zum Beispiel Kund:in in den Geschäften, in denen du einkaufst, oder Patient:in bei deinem Arzt. Die jeweilige Rolle, in der du dich bewegst, hat Einfluss auf deine Bedürfnisse, Wünsche und Werte, die mit dieser Rolle verbunden sind.

11 Übung: Deine Rollen

Nimm dir etwas Zeit, um dir aufzuschreiben, welche Rollen du in deinem Leben ausfüllst. Schreibe in die Mitte eines Blattes das Wort „ich". Darum herum schreibst du alle Rollen, die dir einfallen. Wenn du dich später mit deinen Bedürfnissen und Wünschen auseinandersetzt, kannst du alle Übungen für eine jeweilige Rolle wiederholen, wenn du möchtest. Für den Fall, dass dir deine Gelassenheit mal wieder abhandengekommen ist, ist es hilfreich, dir zu überlegen, welche Rolle du gerade eingenommen hattest und wo in dieser Rolle deine Bedürfnisse und Werte vielleicht nicht erfüllt waren (siehe auch Bedürfnisse ab # 12 und Werte ab # 29).

ALL I NEED IS ... DEINE BEDÜRFNISSE

Bedürfnisse beschreiben das, was wir brauchen. Als Mensch hast du eine ganze Menge Bedürfnisse. Die Grundbedürfnisse sind nach dem Urvater der Bedürfnisforschung, dem amerikanischen Psychologen Abraham Maslow (1908–1970), bei jedem Menschen gleich. Die individuellen Bedürfnisse sind hingegen unterschiedlich ausgeprägt und sind somit Teil deiner Persönlichkeit. Deine Bedürfnisse können dein Wohlbefinden und deine Stimmung zum Teil sehr stark beeinflussen. Wann immer deine Bedürfnisse nicht erfüllt sind, fühlst du dich nicht wirklich zu 100 % wohl. Je elementarer dein Bedürfnis ist, umso mehr Einfluss hat es auf dein Leben.

12 Was brauchst du?

Abraham Maslow hat die menschlichen Bedürfnisse in Form einer Pyramide angeordnet. In dieser Bedürfnispyramide sind die Grundbedürfnisse als Basis angezeigt und nach und nach kommen die emotionalen Bedürfnisse oben aufliegend dazu.

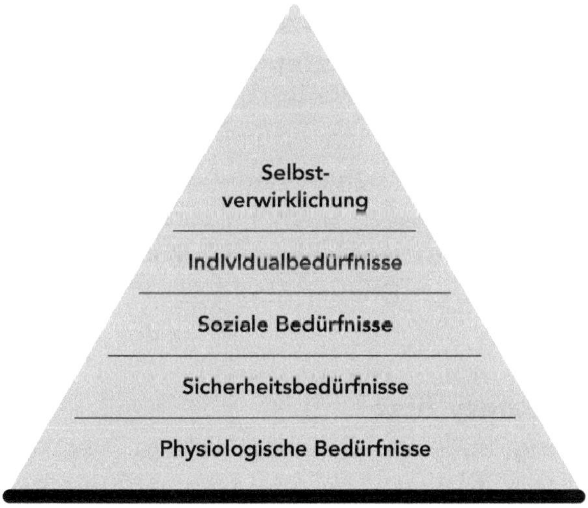

13 Stufe 1 – eat, sleep, repeat

Nach der Theorie von Abraham Maslow sind die physiologischen Bedürfnisse des Menschen wie zum Beispiel Essen, Trinken, Schlafen am allerwichtigsten. Wenn du hungrig oder durstig bist, wenn du nicht genug geschlafen hast und müde bist, sind alle anderen Bedürfnisse nachrangig, denn diese Bedürfnisse sind überlebenswichtig. Ohne ausreichend Nahrung, Trinken und Schlaf kann der menschliche Organismus auf die Dauer nicht existieren. Daher haben diese existenziellen Bedürfnisse auch die größte Wirkung auf deine Gelassenheit.

14 Soulfood

Schon der griechische Philosoph Sokrates (469 v. Chr.–399 v. Chr.) hat erkannt, wie wichtig es ist, ausreichend zu essen und zu trinken. Jede deiner Körperzellen braucht Energie. Dies gilt natürlich auch für dein Gehirn. Energie bezieht der Körper aus deiner festen und flüssigen Nahrung. Ohne genug Energie geht deine Gelassenheit irgendwann auf die Barrikaden. Wenn dein Blutzuckerspiegel stark absinkt, kann das dazu führen, dass du gereizt und unentspannt wirst (siehe auch Kapitel 2 Bodytalk ab # 249).

15 Schlaf dich entspannt

Zur Regeneration braucht dein Organismus außerdem ausreichend Schlaf. Es ist also wichtig, dass du nicht nur darauf achtest, dass du ausreichend gegessen und getrunken hast, sondern auch darauf, dass du genug schläfst. Schlafexperten sprechen von einer empfohlenen Schlafdauer von 7–8 Stunden für einen Erwachsenen. Allerdings hängt deine optimale Schlafdauer von vielen unterschiedlichen Faktoren ab. Neben deinem Alter und deinen Herausforderungen im Alltag spielen auch Faktoren wie Jahreszeiten, deine Gesundheit und deine individuelle Konstitution eine Rolle.[2]
Siehe auch Kapitel 2 Sweet Dreams ab # 258.

16 Stufe 2 – Safety first

In einer Umgebung, in der du dich nicht sicher fühlen kannst, wird es dir ebenfalls schwerfallen, dich zu entspannen und gelassen zu bleiben. Dazu gehört auch eine materielle Grundsicherung wie zum Beispiel dein Zuhause und dein Existenzminimum.

17 Stufe 3 – Zusammen ist man weniger allein

Als nächste Stufe beschreibt Abraham Maslow die sozialen Bedürfnisse. So ist es zum Beispiel entscheidend, wie die Beziehungen in deinem Leben gestaltet sind. Dazu gehören deine Familie, deine Freunde und die Menschen um dich herum, mit denen du im Alltag zu tun hast, zum Beispiel deine Kollegen, deine Nachbarn und deine Bekannten.

18 Übung: Wer sind deine Besten?

Überleg dir im ersten Schritt, wer zu deinen engsten sozialen Verbindungen gehört. Dafür kannst du auf ein Blatt Papier oder in dein Workbook einen Punkt malen, der dich darstellt. Um diesen Punkt ziehst du einen Kreis. In diesen Kreis schreibst du alle Namen der Menschen, die dir emotional sehr nahestehen. Das können deine Familie oder auch deine engen Freunde sein. Deine Verwandtschaft muss nicht unbedingt zu deinen engsten emotionalen Verbindungen gehören. Deine besten Freunde sind dir vielleicht näher als deine Schwiegermutter, und das ist auch vollkommen okay.

Im zweiten Schritt ziehst du einen weiteren, größeren Kreis um den mit deinen engen Freunden und deiner Familie und schreibst hier alle Namen der Menschen auf, die dir nicht ganz so nahestehen, aber zu deinem näheren Umfeld gehören. Vielleicht sind es deine Nachbarn, Kollegen oder gute Bekannte.

Im dritten Schritt ziehst du wiederum einen weiteren Kreis um die bereits vorhandenen beiden Kreise. In diesen äußeren Kreis schreibst du die Namen der Menschen, die dich begleiten, die dir aber nicht mehr nahestehen.

19 Fazit

All diese Namen in den verschiedenen Kreisen bilden dein soziales Umfeld und sind für dein menschliches Bedürfnis nach sozialen

Kontakten entscheidend wichtig. Jetzt hast du automatisch eine Ordnung geschaffen, die dir bildlich zeigen kann, wer dir am wichtigsten ist und dein Bedürfnis nach sozialen Kontakten am besten erfüllen kann.

20 Stufe 4 – Du bist einzigartig

Als nächster wichtiger Aspekt deiner Persönlichkeit kommen jetzt deine individuellen Bedürfnisse. An diesem Punkt unterscheidest du dich von den anderen Menschen, die du kennst. So brauchst du nach einem anstrengenden Tag vielleicht Ruhe und Entspannung, um dich zu erholen. Dein Partner braucht aber Abwechslung und Bewegung, um einen guten Abschluss für den Tag zu finden. An dieser Stelle gibt es kein richtig oder falsch. Es gibt nur ein „ich" und ein „du".

21 Nice to know

Ob wir uns mit einem anderen Menschen anfreunden, hängt von verschiedenen Faktoren ab. Als Erstes davon, ob dir dein Gegenüber sympathisch ist. Dann spielen auch die Häufigkeit des Kontaktes und die emotionale Nähe eine Rolle. Das Engagement, das du in eine Beziehung steckst, und die gemeinsamen Interessen sind ebenfalls wichtig, um eine Freundschaft lange am Leben zu halten.[3]

22 Übung: Wer bist du? – Individuelle Bedürfnisse

Da die Erfüllung deiner Bedürfnisse für deine Gelassenheit so wichtig ist, kommt jetzt eine Reflexionsübung, die dir hilft, deine eigenen Bedürfnisse zu entdecken. Schreib dir dazu im ersten Schritt eine Liste der Bedürfnisse, die dich individuell ausmachen. Folgende Fragen können dir dabei helfen:

- Bist du gerne zu Hause oder lieber unterwegs?
- Bist du abenteuerlustig oder bleibst du lieber bei dem, was du kennst?
- Gehst du gerne Risiken ein oder ist dir Sicherheit wichtiger?

- Bist du lieber allein oder fühlst du dich mit vielen Menschen um dich herum wohler?
- Liebst du die Ruhe oder magst du Stille eher nicht?
- Liebst du Ordnung und Struktur oder bist du lieber Herr in deinem Chaos?
- Magst du es modern oder eher retro?

Als weitere Hilfe findest du nachstehend eine Liste von Bedürfnissen.

23 Beispiele für menschliche Bedürfnisse

Geborgenheit, Inspiration, Wärme, Abwechslung, Freiheit, Berührung, Entdecken, Wahl, Bindung, Wissen, Verstehen, Privatsphäre, Intimität, Herausforderung, Unabhängigkeit, Empathie, Wachstum/Entwicklung, Fürsorge, Ordnung/Struktur, Trost, Selbsterkenntnis, Authentizität, Wirksamkeit, Verständnis, Mitgefühl, Individualität, Kreativität, Anregung der Sinne, Integrität, Wertschätzung, Selbstbehauptung, Bewegung, Entspannung/Ruhe, Aufmerksamkeit, Bestätigung, Verständnis, Sexualität, Gemeinschaft, Respekt, Präsenz, Kontakt zur Natur, Unterstützung, Harmonie, Zugehörigkeit, Rituale, Humor, Schönheit, Spaß, Gerechtigkeit, Austausch, Freundschaft, Erfolg, Erfüllung, Kontinuität/Stabilität, Sinnhaftigkeit, Teilen, Verbindlichkeit, Bedeutung, Loyalität/Treue, Verantwortung, Ehrlichkeit, Alleinsein, Stille …

24 Übung: Prioritäten setzen

Damit du nach deinen Grundbedürfnissen auch gut für die Ressourcen deiner individuellen Bedürfnisse sorgen kannst, die dich gelassener machen, ist es im zweiten Schritt wichtig, deine Bedürfnisse nach Wichtigkeit zu ordnen. Dafür markierst du jetzt deine Bedürfnisse auf der Liste mit verschiedenen Farben.

Rot = sehr wichtig
Gelb = sollte nicht fehlen
Grün = darauf kann ich eigentlich auch verzichten

Jetzt kannst du unterscheiden, welche Bedürfnisse wirklich wichtig für dich sind. Um diese solltest du dich verstärkt kümmern, um deine Ressourcen wieder zu füllen, wenn deine Gelassenheit auf der Strecke geblieben ist.

25 Stufe 5 – Selbstverwirklichung

An der Spitze der Pyramide deiner Bedürfnisse steht die Selbstverwirklichung. Hier geht es darum, dass du dich in deiner Persönlichkeit entwickeln darfst. Du möchtest dich ausprobieren, möchtest kreativ werden, dein Potential entfalten und suchst vielleicht nach dem Sinn für dein Leben. An diesen Punkt wirst du nach Maslow erst kommen, wenn deine darunterliegenden Bedürfnisse bereits so gut wie erfüllt sind. Hier angekommen überlegst du dann auch, wie du dich definieren möchtest, wer du als Person sein möchtest und welchen „Fingerprint" du in dieser Welt hinterlassen kannst.

26 Nice to know

Die Bedürfnisse können in deinen verschiedenen Lebensbereichen auch unterschiedlich (mehr oder weniger) befriedigt sein. In einem Bereich, zum Beispiel im Beruf, fühlst du dich nicht mal in Sicherheit, in einem anderen Bereich, zum Beispiel in deiner Beziehung, strebst du bereits nach Selbstverwirklichung (siehe auch Kapitel 1 Bühne des Lebens in # 11).

27 Wünsch dir was

Deine Bedürfnisse sind etwas für dich Notwendiges. Wenn sie länger nicht beachtet und befriedigt werden, kann das dazu führen, dass du körperliche oder emotionale Schäden davonträgst. Das passiert jedoch nicht, nur weil du dir einen Wunsch nicht erfüllen kannst.[4] Wünsche entstehen zwar aus unbefriedigten Bedürfnissen, sie sind aber nur eine Art „Ersatzbefriedigung". Wir möchten uns Wünsche erfüllen, um uns besser zu fühlen. Wenn du dir zum Beispiel ein größeres Haus wünschst, dann kann dahinter das Bedürfnis nach einem Zuhause stecken und eine Wohnung könnte dieses Bedürfnis ebenfalls befriedigen. Wenn deine

Wünsche nicht erfüllt werden, macht dich das zwar nicht glücklich, es schadet dir aber auch nicht, solange du das wahre Bedürfnis dahinter erkennst und beachtest.[5]

28 Übung: Bedürfnisse vs. Wünsche

Wenn du das nächste Mal einen Wunsch verspürst, überleg dir für einen Moment, welches Bedürfnis dahinterstecken könnte. Wenn du zum Beispiel den Wunsch nach Urlaub hast, könnte auch dein Bedürfnis nach Erholung in der Tiefe der Grund für diesen Wunsch sein. Ziel dieser Übung ist, dass du gelassener auf nicht erfüllte Wünsche reagieren kannst, indem du das wahre Bedürfnis dahinter erkennen kannst und Alternativen für deine daraus resultierenden Wünsche findest (siehe auch Kapitel 2 Denk mal drüber nach in # 207, 208 und 209).

DARF ICH DAS? – WERTE, MORAL UND ETHIK

Nachdem wir uns viel mit Bedürfnissen beschäftigt haben, möchte ich dir jetzt etwas über das Thema Werte nahebringen. Deine Werte sind für deine Gelassenheit ebenso wichtig wie deine Bedürfnisse.

29 Was Werte sind und warum wir sie brauchen

Vielleicht verstehst du unter „Werten" etwas anderes als ich. Du benutzt in diesem Zusammenhang womöglich andere Worte wie zum Beispiel Moral, Ethik, Tugenden, Ideologien, Normen oder Sittlichkeit. Werte sind eine Kontrollinstanz und dein moralischer Kompass, nach denen du ein Handeln bewusst ausrichten kannst und nach denen du dein Denken, Fühlen und Handeln bewertest, aber auch das von anderen. Sie sind wichtig, weil sonst deine Bedürfnisse die Führung in deinem Leben übernehmen.

30 Du bist Wert-voll

Man könnte auch sagen: Du bist voller Werte. Deine Werte sind im Gegensatz zu deinen Bedürfnissen zu einem großen Teil erworben bzw. im Laufe deines Lebens erlernt. Sie entwickeln sich aus vielen unterschiedlichen Quellen in deiner Kindheit und Jugend. Die Umstände, wo, mit wem und in welcher Zeit du aufgewachsen bist, spielen dabei eine entscheidende Rolle. Das allgemeine Werteverständnis unterscheidet sich je nach Kultur, Religion und Jahrzehnt immens.

31 Wer hat dich geprägt?

Was du tun darfst und was nicht, hörst du zuerst von deinen Eltern und deiner engen Familie. Später kommen im Kindergarten neue Regeln und Normen dazu. In der Schule wird es noch komplizierter. Du wirst älter und die Erwartungen an dich, deine Vernunft und dein „Benehmen" werden immer größer und komplexer. In deiner Jugend und in der Pubertät überprüfst und hinterfragst du das bisherige erlernte Wertesystem dann kritisch und es treten neue Vorbilder in dein Leben, an die du deine Werte anpasst.

32 Übung: Deine prägenden Vorbilder

Überleg mal: Kannst du dich an prägende Menschen oder Situationen in deinem Leben erinnern, die nachhaltig zu deiner heutigen Lebenseinstellung beigetragen haben? Zum Beispiel deine Eltern: Was hast du von ihren Wertevorstellungen übernommen?

33 „Das macht man nicht!"

Ein klassischer Satz zum Thema Werteerziehung. Wann immer du einen solchen Satz hörst oder ihn dir ins Gedächtnis zurückholst, hat dir an dieser Stelle jemand seine Werte vermittelt oder dich nach seinen Werten erzogen.

34 Übung: Ist das DEIN Wert?

Wolltest du schon immer abends Erdnussbutter auf Toast essen, du machst es aber nicht, weil man das nicht tut? Wolltest du schon immer einmal barfuß im Regen laufen, du hast es aber nie ausprobiert, weil man eben nicht ohne Schuhe rausgeht? Bei dieser Übung darfst du reflektieren, an welcher Stelle du in deinem Leben Werte entdecken kannst, die dein erwachsenes „Ich" einfach ungefragt übernommen hat, obwohl sie für dich entweder nicht mehr wichtig sind oder du mittlerweile eine ganz andere Wertvorstellung dazu hast.

35 Individuum und Teil des großen Ganzen

Werte sind wichtig. Sie bilden den moralischen Kompass, der es dir ermöglicht, ein soziales Wesen zu sein und in eine Gesellschaft integriert zu werden. Trotzdem bist du einzigartig. Es gibt Werte, die sich nur auf dein Denken, Fühlen und Handeln beziehen. Es gibt aber auch Werte, die sich innerhalb einer Gruppe etabliert haben und die du, wenn du dich dazugehörig fühlst, vermutlich übernommen hast. Ein Beispiel dafür sind die Pünktlichkeit und die Zuverlässigkeit der Deutschen (dafür steht unter anderem die deutsche Nationalität im Ausland). Dann gibt es noch die globalen Werte, für die du als Teil der Gruppe der Menschheit stehst, wie zum Beispiel Mitgefühl.

36 Werte und Gelassenheit

Deine Werte begleiten dich dein Leben lang, auch wenn sie sich je nach Alter und Lebensabschnitt durchaus verändern und anpassen können. Du nimmst praktisch in jeder Situation unbewusst eine Bewertung anhand deiner „Gut/schlecht/neutral"-Skala vor. Es ist also nicht verwunderlich, dass deine Gelassenheit in Abhängigkeit zu deinen Werten steht. Wenn einer deiner Werte missachtet wird, bedeutet dies emotionalen Stress und damit ist automatisch auch die Gelassenheit in Gefahr.

37 Nice to know

Da jeder Mensch unterschiedliche Prägungen in seinem Leben erfahren hat, haben wir auch alle ein unterschiedliches Wertesystem. So kommt es in manchen Situationen dazu, dass du es vollkommen unerhört findest, wie sich eine andere Person benimmt, während dieser Mensch sein Verhalten völlig okay zu finden scheint.

38 Reflexion – deine Werte

Welche Werte sind dir besonders wichtig? Wonach richtet sich dein Handeln aus? Schreib dir im ersten Schritt auf, welche 10 Werte dir besonders entsprechen. Die Auflistung in # 40 „Beispiele für menschliche Werte" kann dir dabei helfen.

39 Übung: Prioritäten setzen

Im zweiten Schritt reduzierst du die 10 Werte auf 5 Werte, die dir im Leben besonders wichtig sind. So findest du heraus, welche Werte dich ausmachen und nach welchen du dein Denken und Handeln bisher ausgerichtet hast. Diese Erkenntnis kann dir helfen, wenn du dich manchmal fragst: „Warum tue ich das?" Da sich dein Handeln an deinen Werten und deinen Glaubenssätzen, die wir in Kapitel 2 besprechen, orientiert, ist es ungemein wichtig, dass du deine Werte kennst. Denn wenn deine Gelassenheit leidet, kann das nicht nur an nicht erfüllten Bedürfnissen liegen, sondern auch daran, dass du nicht nach deinen Werten handelst, oder daran, dass deine Werte von außen verletzt werden.

40 Beispiele für menschliche Werte

Akzeptanz, Anerkennung, Anstand, Aufmerksamkeit, Ausdauer, Authentizität, Bescheidenheit, Bewusstheit, Bildung, Dankbarkeit, Demut, Diskretion, Distanz, Disziplin, Effektivität/Effizienz, Ehre, Ehrlichkeit, Eigenständigkeit, Einfühlungsvermögen, Eleganz, Empathie, Engagement, Entschlossenheit, Erfolg, Erholung, Fairness, Freiheit, Fleiß, Flexibilität, Fürsorglichkeit, Geduld, Gelassenheit, Genauigkeit, Gerechtigkeit, Glaubwürdigkeit, Gleichheit, Großzügigkeit, Herzlichkeit, Hilfsbereitschaft, Höflichkeit, Integrität, Kompetenz, Kontinuität, Leidenschaft, Loyalität, Mut, Nächstenliebe, Neugier, Nützlichkeit, Offenheit, Optimismus, Ordnung, Perfektion, Pragmatismus, Professionalität, Pünktlichkeit, Qualität, Realismus, Respekt, Sanftheit,

Schnelligkeit, Schönheit, Selbstvertrauen, Selbstwirksamkeit, Sensibilität, Sinnhaftigkeit, Solidarität, Souveränität, Sorgfalt, Sparsamkeit, Spiritualität, Spontanität, Stabilität, Stärke, Struktur, Toleranz, Tradition, Transparenz, Treue, Unabhängigkeit, Unterstützung, Verantwortung, Vernunft, Vielfalt, Wahrheit, Weisheit, Wertschätzung, Witzigkeit, Zufriedenheit, Zuverlässigkeit, Zweckmäßigkeit ...

41 Bedürfnisse vs. Werte

Es könnte sein, dass du dich jetzt fragst, wo eigentlich der Unterschied zwischen Bedürfnissen und Werten ist. Deine Bedürfnisse sind intrinsisch, also von innen heraus entstanden, und sozusagen „wertfrei". Deine Werte sind von außen geprägt worden, also erworben.[6]

42 Nice to know

Deine Bedürfnisse und deine Werte können sich durchaus überschneiden. Es gibt weder bei den Werten noch bei den Bedürfnissen ein „richtig oder falsch". Werte können nach und nach, wenn du sie sehr verinnerlicht hast, auch zu deinen Bedürfnissen werden.

43 Tipp

In # 11 (Deine Rollen) hast du gelesen, dass deine Bedürfnisse und Werte sich auch danach richten, in welchem Kontext du dich gerade bewegst, welche Rolle du gerade eingenommen hast. Die Reflexionsübungen zu Bedürfnissen und Werten kannst du für jede Rolle auch einzeln definieren, wenn du das Gefühl hast, du möchtest dich noch tiefer mit diesen Themen beschäftigen.

GOOD FEELINGS – WENN DEINE GEFÜHLE DIE KONTROLLE ÜBERNEHMEN

Starke Gefühle

Deine Gefühle sind so eng mit deinen Bedürfnissen und Werten verbunden, dass sie hier auf jeden Fall Platz finden müssen. Sie sind deine Wegweiser auf der Suche nach deinen dahinterstehenden Bedürfnissen.

 # 44 Gefühlskompass

Immer wenn du unangenehme Gefühle wie Angst, Wut oder Trauer empfindest, ist entweder eins oder gleich mehrere deiner Bedürfnisse nicht befriedigt oder du handelst nicht nach deinen inneren Werten.

Hingegen ist es so, dass deine Bedürfnisse und deine Werte immer in einer guten Balance sind, wenn du dich gut fühlst, glücklich und entspannt bist. Darum ist es so wichtig, dass du deine Gefühle und ihre Bedeutung kennst.

 # 45 Hier entlang, bitte!

Wenn deine Gefühle dir durch ein schlechtes Bauchgefühl oder auch ein schlechtes Gewissen einen Hinweis darauf geben, dass etwas nicht in Ordnung ist, dann kannst du dich bei deinen Bedürfnissen und Werten auf die Suche nach der Ursache machen.

 # 46 Gefühle und Gelassenheit

Deine Gefühle und deine Gelassenheit sind untrennbar verbunden. Auch wenn du sagst, ich „fühle" mich gelassen, ist Gelassenheit doch eher eine innere Haltung. Deine Emotionen hingegen sind eher ein Symptom, das dir zeigt, dass deine Gelassenheit in Gefahr oder schon abhandengekommen ist.

47 Starke Gefühle

Immer wenn starke Gefühle die Kontrolle über dein Denken übernehmen, ist es mit der Gelassenheit eher schwierig. Dabei ist es dann auch egal, ob es sich um Angst, Wut, Trauer oder gemischte Gefühle handelt. Alle starken Gefühle können Stolpersteine auf deinem Weg zum Gipfel der Gelassenheit werden. Es ist wichtig zu verstehen, welche Gefühle dich ausmachen und was passiert, wenn deine Gefühle deinen Verstand kurzfristig verdrängen.

48 „Gefühlesuppe"

Eine meiner Klientinnen hat das Wort „Gefühlesuppe" kreiert und ich finde es ziemlich passend. In eine Suppe gehören viele verschiedene Zutaten. Sie werden geputzt, geschnitten und kommen in einen Topf. Sie werden gekocht, verrührt und gewürzt. Am Ende schmeckt die Suppe entweder gut oder auch nicht so gut. Die einzelnen Zutaten sind später oft nicht mehr zu erkennen. So wie eine Suppe ein paar wichtige Grundzutaten benötigt, so gibt es auch ein paar grundsätzliche Emotionen, die wir alle von Geburt an mitbekommen haben.

49 Deine Grundemotionen

Der amerikanische Psychologe Paul Ekman beschreibt menschliche Grundemotionen[7]:

1. Wut
2. Ekel
3. Verachtung
4. Freude
5. Trauer
6. Angst
7. Überraschung

Auf ein paar dieser Emotionen möchte ich im Folgenden noch näher eingehen, da sie eine besonders große Bedeutung für deine Gelassenheit haben.

50 Heiter bis wolkig

Alle Gefühle können in verschiedenen Ausprägungen auftreten. Angst kann sich zum Beispiel von einem mulmigen Gefühl bis hin zu totaler Panik äußern. Du hast diese Gefühle jedoch nicht nur einzeln, sondern manchmal auch vermischt. Das ist der Moment, in dem „Gefühlesuppe" entsteht.

51 Einerseits und andererseits

Vielleicht weißt du manchmal gar nicht, was genau du gerade fühlst. Bist du wütend, traurig oder hast du Angst? Es ist in bestimmten Situationen auch nicht so einfach, all die Emotionen auseinanderzuhalten. Es gibt sogar Momente, in denen du indifferente Empfindungen hast. Wenn du dich zum Beispiel einerseits auf eine Reise freust, andererseits aber Angst davor hast, was dich auf dieser Reise erwartet.

52 Gefühle als Schutzengel

Die Evolution hat die Gefühle nicht umsonst erfunden. Seit der Entwicklung der Menschheit schützen sie uns vor Gefahr und dienen uns als Antreiber und Motivation. Zusätzlich weisen sie uns als Kompass den Weg zu bestimmten Entscheidungen. Trotzdem stehen dir deine Gefühle manchmal im Weg, wenn es um das Thema Gelassenheit geht. Warum das so ist und warum du deine Gefühle trotzdem wertschätzen solltest, erkläre ich dir auf den nächsten Seiten.

Angst

53 Urangst

Deine Angst beschützt dich davor, dich unnötig in Gefahr zu begeben. So ist es nur logisch, dass du zum Beispiel Angst vor großen Höhen, vor Feuer oder im Dunkeln hast. Es gibt Ängste, die sich aus der Menschheitsgeschichte entwickelt haben und durch ein bestimmtes Gen (Stathmin) von Generation zu Generation vererbt werden.

54 Gelernte Angst

Dann gibt es auch Ängste, die du in deinem Leben aus verschiedenen Gründen entwickelt hast. Entweder hast du bereits selbst eine schlechte Erfahrung gemacht, in der du Angst hattest, und diese abgespeichert oder du hast sie zum Beispiel von deinen Eltern übernommen. Wenn deine Eltern dich als kleines Kind immer vor Hunden gewarnt haben, hast du vielleicht heute Angst vor Hunden, obwohl du selbst nie eine schlechte Erfahrung mit einem Hund gemacht hast.[8]

55 Angst als Stolperstein

Schwierig wird es immer dann, wenn deine Ängste dir im Leben im Weg stehen. Manchmal gibt es Situationen, in denen du Angst empfindest, obwohl du weißt, dass diese Angst mit deinem Verstand nicht rational erklärbar ist. Es gibt auch Menschen, bei denen die Schutzfunktion der Angst überreagiert und sich zu viele Ängste breitgemacht haben. Ängste blockieren deine Gelassenheit. Daher ist es sinnvoll, dass du dir einmal Gedanken darüber machst, welche Ängste dich begleiten und welche davon sinnvoll sind (siehe auch Kapitel 1 # 16).

56 Übung 1. Schritt: Erkenne, was dich ängstigt

Um deine Ängste zu identifizieren, kannst du wieder dein Workbook nutzen oder du machst dir eine einfache Liste.

Im ersten Schritt schreibst du alle deine Ängste, die dir spontan einfallen, untereinander auf. Zum Beispiel:

1. Angst vor Dunkelheit
2. Angst vor Spinnen

3. Angst vor Flugreisen
4. …

Ängste können in Bezug auf alle Lebensbereiche auftreten, wie zum Beispiel deine Familie, deine Arbeit, deine Finanzen. Es können aber auch Ängste im Allgemeinen sein, wie zum Beispiel in Bezug auf die Umwelt, die politische Lage oder die Weltwirtschaft.

57 Übung 2. Schritt: Differenzierte Ängste

Als Nächstes kannst du dir mithilfe einer Skala von 1 bis 10 überlegen, welche deiner Ängste besonders stark und welche vielleicht nur sehr klein sind.

1. Hundebiss	6
2. Feuerwerk	3
3. Überschwemmung	8
4. …	

58 Übung 3. Schritt: Relativiere deine Ängste

Im dritten Schritt überlegst du, welche Ängste real existieren und welche Angst nur eine eventuelle, vorsorgliche oder eine Vielleicht-Angst ist. Wie wahrscheinlich ist es, dass deine Befürchtungen in den nächsten Wochen eintreten? Schreibe hinter deine Angst und die Skala eine prozentuale Realität auf.

1. Hundebiss	6	20 %
2. Feuerwerk	3	0,5 %
3. Überschwemmung	8	5 %
4. …		

Diese Übung kann dir helfen, deine Ängste und Befürchtungen zu relativieren, wenn du deine Gelassenheit aufgrund einer Angst verloren hast, indem du die Stärke deiner Angst mit der Wahrscheinlichkeit des Auftretens vergleichst.

59 Übung 4. Schritt: Was kannst du tun?

Angst ist kein rationales Gefühl. Wenn ich dir sagen würde, du brauchst keine Angst zu haben, würde dir das nicht unbedingt helfen. Die richtige Frage müsste lauten: „Was brauchst du, um keine Angst mehr zu haben?" Überleg dir in diesem Zusammenhang, was dir in Bezug auf deine konkreten Ängste auf deiner Liste helfen würde, dir ein Gefühl von Sicherheit zu geben. Wenn du jetzt feststellst, dass du Ängste hast, die du mithilfe von anderen oder auch mit einer Veränderung der Umstände lösen kannst, dann fang an zu handeln. Rufe jemanden an, triff eine Entscheidung, frag jemanden um Rat, denn Sicherheit ist das Gegenmittel für deine Angst.

Wut

Auch deine Wut hat eine wichtige Schutzfunktion. Sie hilft dir, deine Grenzen zu erkennen und dich vor emotionalen Verletzungen zu schützen.

60 Wut vs. Aggression

Wut sollte nicht mit Aggression verwechselt werden. Aggressives Verhalten ist eine Reaktion auf deine Wut, nicht die Ursache. Deine Wut ist auch ein Ventil, über das du deinen unbefriedigten Bedürfnissen oder der Verletzung deiner Werte Ausdruck verleihen kannst.

61 Action, please ...

Die Reaktion auf Wut ist bei den Menschen sehr unterschiedlich. Laute Stimmen, Schreien, Weinen, Rückzug und das Bedürfnis, allein zu sein – all das kommt in unterschiedlichen Ausprägungen vor. Dein Umgang mit Wut ist größtenteils von deiner Erziehung und dem Umfeld geprägt, in dem du aufgewachsen bist. Du hast aber jetzt die Chance, deine Verhaltensmuster neu zu definieren. Wichtig dabei ist, dass deine Wut sich so zeigt, dass keine anderen Menschen verletzt werden und keine Sachschäden entstehen.[9]

62 Raus damit

Es ist gut, wenn du deine Wut als wichtigen Teil deines inneren Erlebens begreifst und ihr, in regelmäßigen Abständen, Raum lässt, sich zeigen zu dürfen. Wut, die zu lange unterdrückt wird, kann dich im wahrsten Sinne des Wortes krank machen. Unterdrückte Emotionen haben zum Beispiel Einfluss auf dein Herz-Kreislauf-System, deinen Schlaf, deinen Blutdruck und vieles mehr.[10]

63 Übung 1. Schritt: Die Auslöser deiner Wut

Manchmal reicht der sprichwörtliche Tropfen, um das Fass zum Überlaufen zu bringen. Bestimmt kennst du diese Situationen auch. In der Übung zu deinen Triggerpunkten (siehe auch Kapitel 1 Jetzt reicht's ab # 5) hast du schon viel über die Dinge nachgedacht, die dich immer wieder aus deiner inneren Balance bringen. In dieser Übung beschäftigst du dich noch einmal explizit mit deiner Wut. Denk im ersten Schritt dieser Übung darüber nach, welche Dinge dich wirklich wütend machen, und schreibe sie auf. Nutze dazu auch die Aufstellung, die du bei deinen Triggerpunkten schon begonnen hast.

64 Übung 2. Schritt: Deine Reaktion auf Wut

Jetzt kennst du die Auslöser, die deine Gelassenheit immer wieder in Gefahr bringen. Als zweiten Schritt überlegst du dir, wie du bisher in diesen Situationen reagiert hast. Auch diese Übung ist angelehnt an deine Trigger, du beschäftigst dich jetzt noch einmal tiefer mit deinen Reaktionen auf Wut.

- Wirst du eher laut und schreist oder ziehst du dich lieber zurück und bist allein?
- Fängst du an zu weinen?
- Reagierst du mit Beleidigungen oder hast du das Bedürfnis, etwas kaputt zu machen?
- Magst du Trost oder powerst du dich körperlich gerne aus?
- ...

65 Übung 3. Schritt: Wunschkonzert

Auch hier darfst du dich jetzt gedanklich noch einmal tiefer mit deinen Wünschen zum Umgang mit Wut beschäftigen. Wie hättest du in den Momenten aus Schritt 2 gerne anders reagiert, wenn du es hättest steuern können? Wie hättest du dich fühlen wollen? Was hättest du sagen oder tun können?

Diese Reflexion hilft dir, die Situationen noch einmal gedanklich nachzuspielen, ohne die Wut erneut empfinden zu müssen.

Trauer

Sicherlich bist auch du nicht gerne traurig. Und trotzdem ist auch Trauer ein wichtiges Gefühl. Sie ist die psychische Bewältigungsstrategie, um große und kleine Verluste im Leben zu verarbeiten. Außerdem ist deine Trauer ein Hinweis darauf, was dir wirklich wichtig ist. Du bist über den Verlust von etwas weniger traurig, wenn es dir nicht viel bedeutet hat. Solltest du jedoch etwas verlieren, das dir im Leben sehr wichtig ist, wie zum Beispiel einen nahestehenden Menschen, ist die Trauer um ein Vielfaches größer.

66 Es ist nur eine Phase

Deine Trauer durchläuft verschiedene Phasen und verändert sich im Laufe der Zeit. Nach und nach fühlt sich das Leben wieder leichter an und du passt dich an die neue Realität an. Je nachdem, wie stark deine Bindung zu dem, was du verloren hast, gewesen ist, ist deine Trauer stärker und es dauert länger, diesen Verlust zu verarbeiten. Du kannst aber darauf vertrauen, dass dir deine Trauer hilft. Darum ist es sinnvoll, sie nicht zu ignorieren, denn auch Trauer, die sich anstaut und nicht bearbeitet wird, kann dich krank machen und sich zum Beispiel als Depression manifestieren.[11]

67 Übung: Was macht dich traurig?

Wie auch beim Thema Wut befasst du dich jetzt etwas intensiver mit dem Thema Trauer.

Im ersten Schritt schreibst du auf, was dich traurig macht. Gehe dabei zeitlich rückwärts vor.

- Was macht dich jetzt gerade traurig?
- Was hat dich in den letzten Wochen und Monaten traurig gemacht?
- Was hat dich früher traurig gemacht?

68 Übung: Damals und heute

Wenn es Situationen gab, in denen du vor längerer Zeit sehr traurig warst, zum Beispiel der letzte Liebeskummer, warst du wahrscheinlich nicht unbedingt gelassen. Aber mit Zeit und genügend Abstand zu dem Ereignis hat deine Trauer sich sicherlich verändert und schlägt keine so hohen emotionalen Wellen mehr. Und genau das kann dir zukünftig helfen. Das Wissen, dass es verschiedene Phasen der Trauer gibt und du irgendwann wieder glücklich sein wirst, kann dir jetzt Gelassenheit und Zuversicht schenken (siehe auch Kapitel 3 ab # 283).

69 Übung: Zeit ist relativ

Denk an die Punkte, die dich in deinem Leben traurig gemacht haben: Wie schnell ging es dir besser? Wie lange hat es jeweils gedauert, bis du wieder zuversichtlicher und glücklicher warst? Ergänze deine Liste um die ungefähre Dauer, bis du dich wieder zuversichtlicher gefühlt hast.

70 Hilfsmittel

Überleg dir als Nächstes Folgendes: Was hast du in der Vergangenheit konkret unternommen und was hat dir während der traurigen Phasen gutgetan? Ergänze jetzt deine Liste mit den Dingen, die dir dabei geholfen haben, deine Trauer zu bewältigen. Wenn du wieder einmal traurig bist, schau auf deine Notizen und überleg dir, ob irgendeine Lösung aus der Vergangenheit dir auch im akuten Fall helfen kann.

71 Can you feel it?

Da alle deine Emotionen wertvoll und sinnvoll für dich sind, ist es auf deinem Weg zur Gelassenheit wirklich wichtig, dass du dich mit ihnen beschäftigst. Freunde dich mit ihnen an. Versuche, sie als Hinweis auf deine Bedürfnisse zu verstehen und wertzuschätzen.

72 Übung: Wie geht es dir?

Lass deine Gefühle zu und frag dich immer wieder, wenn du aus der Gelassenheit geraten bist:

- Wie fühle ich mich gerade?
- Was genau fühle ich?
- Was will mir dieses Gefühl sagen?

So lernst du nach und nach immer mehr über deine Gefühle und Bedürfnisse und kannst dir mit der Zeit immer besser selbst helfen, wenn es dir mal nicht so gut geht.

73 Remember

Wenn deine Bedürfnisse erfüllt sind, empfindest du positive Gefühle. Wenn deine Bedürfnisse nicht erfüllt sind oder deine Werte mit deinen Bedürfnissen nicht in Einklang sind, empfindest du negative Gefühle.

74 Gefühle bei erfüllten Bedürfnissen

Berührt, hingerissen, erstaunt, beschwingt, lebendig, angeregt, erwartungsvoll, bewegt, leicht, atemlos, fasziniert, dankbar, aufgeregt, freudig, motiviert, ausgelassen, friedvoll, beflügelt, entzückt, befriedigt, erfrischt, optimistisch, begeistert, geborgen, gelassen, erleichtert, stolz, belebt, glücklich …

75 Gefühle bei nicht erfüllten Bedürfnissen

Alarmiert, durcheinander, gleichgültig, durstig/hungrig, pessimistisch, angestrengt, eifersüchtig, gereizt, hilflos, unruhig, ängstlich, einsam, ratlos, apathisch, ärgerlich, empfindlich, kraftlos, müde, aufgebracht, schockiert, aufgeregt, entsetzt, schwer, enttäuscht, ausgelaugt, traurig, teilnahmslos, besorgt, bestürzt, fassungslos, überfordert, frustriert, nervös …

76 WICHTIG: rechtzeitig Hilfe holen

Wenn deine Gefühle wie Wut, Angst oder Trauer in deinem Leben zu viel Platz einnehmen, die Kontrolle übernehmen und dein Leben bestimmen, solltest du dir dringend professionelle Hilfe holen. Sprich zum Beispiel mit deinem Hausarzt über deine Ängste, deine Trauer oder deine Wut. Zu starke Gefühle solltest du bitte ernst nehmen und nicht ignorieren. Vielleicht kannst du professionelle Hilfe in Anspruch nehmen, damit du nicht mit diesen übermächtigen Emotionen alleine bist.

Kapitel 2:
Wähle deine Ausrüstung

KONKRETE TIPPS UND TOOLS FÜR DEINEN WEG ZUR GELASSENHEIT

ALLER ANFANG IST SCHWER – DEINE MOTIVATION

Im ersten Kapitel hast du viel über deine Bedürfnisse, Werte und andere wichtige Hintergründe im Zusammenhang mit deiner Gelassenheit gelernt. Im zweiten Kapitel wird es darum gehen, dir möglichst viele wirksame Übungen, Tipps und Tools zur Verfügung zu stellen, die dir auf deinem Weg zum Gipfel der Gelassenheit helfen können.

77 Wenn nicht jetzt, wann dann?

Wir Menschen neigen dazu, alles, was mit Anstrengung und mit unangenehmen Gefühlen verbunden ist, vor uns herzuschieben. Wir erfinden immer wieder Ausreden, um uns ungeliebten Situationen nicht stellen zu müssen. Vielleicht ahnst du schon lange, dass es gut wäre, wenn du mehr Gelassenheit in dein Leben integrieren würdest, du hattest aber bisher nicht die Zeit, die Lust oder die Muße, dich wirklich damit auseinanderzusetzen. Wenn du mich fragst, wann der richtige Zeitpunkt im Leben ist, um damit anzufangen, dann antworte ich dir: JETZT. Einen besseren Zeitpunkt wirst du nicht finden.

78 Der Weg als Ziel

Immer wenn du etwas Neues lernen möchtest und den Wunsch nach Veränderung hast, machst du dich auf einen Weg. Dabei wird es gute Tage geben, an denen es wie von selbst vorwärtsgeht. Dann gibt es Tage, an denen möchtest du am liebsten aufgeben und nach Hause gehen. Und dann sind da noch die Tage, an denen gehst du einen oder mehrere Schritte zurück, startest dann aber nochmal neu. Du wirst vielleicht Einbrüche haben, aber auch Momente, in denen du realisierst, wie weit du schon gekommen bist. Das ist alles normal und gehört dazu. Das Allerwichtigste ist dabei, dass du dein Ziel nicht aus den Augen verlierst und dich immer wieder (gerade auch wenn es schwer erscheint) daran erinnerst, warum du dich auf den Weg gemacht hast. Dafür ist es hilfreich, wenn du dir ein klares Ziel formulierst.

79 Übung: Fokus auf das Gipfelkreuz

Überlege dir an dieser Stelle genau, warum das Thema Gelassenheit für dich und zu diesem Zeitpunkt in deinem Leben so wichtig ist. Schreibe dir dein ***„Warum"*** zum Beispiel auf einen bunten Klebezettel und hefte diesen an eine Stelle in deinem Zuhause, wo er dich immer wieder an dein Ziel erinnern kann: an den Spiegel im Bad, an den Kühlschrank, auf deinen Schreibtisch, an deinen TV. Wann immer dir Zweifel auf deinem Weg begegnen, kannst du dich so an deine ursprüngliche Motivation erinnern.

80 Übung: Taschenanker „to go"

Ein weiterer Tipp zur Erinnerung an dein Ziel: Such dir einen kleinen Gegenstand, den du dir in die Hosen- oder Jackentasche stecken kannst. Das kann zum Beispiel ein besonders schöner Stein vom Strand sein, ein Korken oder auch ein kleiner Glücksbringer. Es könnte aber auch ein Ring, ein Armband oder eine Uhr sein. Wichtig ist, dass du diesen Gegenstand bewusst nur für deine Gelassenheit ausgewählt und im Kopf damit verknüpft hast. Wenn du ihn dann berührst und dich an dein „Warum" erinnerst, gibt dir dein Taschenanker Halt, wenn du auf deinem Weg mal stolperst.

81 Übung: Die Wunderfrage

Stell dir vor, du wachst am Ende deiner Reise auf und du hast dein Ziel erreicht: Du bist jetzt jederzeit gelassen und entspannt, nichts kann dich aus der Ruhe bringen. Für andere bist du ein Fels in der Brandung. Ganz egal was das Leben dir vor die Füße wirft, du gehst gelassen damit um und du weißt zu jedem Zeitpunkt, du findest eine Lösung. Was immer dir am heutigen Tag begegnen wird, nichts kann dir die Laune verderben. Jetzt stell dir folgende Fragen:

- Wie fühlst du dich jetzt?
- Was hat sich seit deinem Aufbruch verändert?
- Welche Umstände haben sich verbessert?

Für deine Gedanken zu dieser Motivationsübung kannst du dein Workbook oder ein anderes Medium nutzen. Auch diese Übung kann die positiven Gefühle in dir hervorrufen, die du brauchst, um durchzuhalten, auch wenn es mal holprig wird.

82 Lerne von den Besten

Kennst du diese Menschen, die scheinbar immer total relaxt sind, der berühmte „Fels in der Brandung"? Jedes Problem wird entspannt angegangen, nichts scheint diese Menschen aus der Ruhe zu bringen. Die pure Gelassenheit. Wenn dir jetzt spontan jemand einfällt, dann solltest du schnellstmöglich mal wieder ein Treffen organisieren: Zeit zum Plaudern und eine gemeinsame Tasse Kaffee oder Tee.

83 Frag dich schlau

Wenn du dir von jemandem etwas in Sachen Gelassenheit abschauen möchtest, dann frag doch mal nach dem Geheimnis dieser Person.

- Was macht dieser Mensch anders als du?
- Wie geht er oder sie mit Herausforderungen um?
- Wie ist der Blick auf die scheinbaren Probleme und Herausforderungen?

84 Leuchtendes Vorbild

Wenn du also ein Vorbild in Sachen Gelassenheit kennst, dann nutze diesen Kontakt, um zu lernen. Ob du die gleichen Strategien und Sichtweisen für dich im Leben übernehmen möchtest, kannst du ja immer noch entscheiden. Vielleicht passt die eine oder andere Herangehensweise auch nicht zu dir. Auf jeden Fall bist du dann aber einen Schritt weiter und hast einen guten Blick aus einer anderen Perspektive gewonnen.

KLEINE VERÄNDERUNGEN, GROSSE WIRKUNG – EASY TOOLS

Es muss ja nicht immer gleich das große Ganze sein. Um dir etwas Gutes zu tun, reichen schon kleine Veränderungen. Hier kommen ein paar Tipps, die du schnell und einfach anwenden kannst. Damit kannst du ganz easy starten und ausprobieren, was dir guttut. Deine Lieblingstools kannst du dann auch gleich auf einen Zettel schreiben und für deine „Goodie Bag" in Kapitel 3 nutzen.

85 Let the sunshine in

Licht und Sonne machen gute Laune. Deine Stimmungslage verbessert sich, durch die Lichteinstrahlung werden deine Glückshormone aktiviert und du hast mehr Energie. Also raus mit dir. Nutze das natürliche Licht, auch wenn gerade Winter ist. Halte dein Gesicht in die Sonne und genieße die Extraportion „Wellness für die Seele".

86 Shine like a diamond

Angenommen, du hast heute etwas vor, wozu du überhaupt keine Lust hast. Vielleicht musst du dich auch einer unangenehmen Situation stellen. Du fühlst dich unmotiviert und kannst dich nicht aufraffen. Und genau jetzt brauchst du etwas „Glamour". Such dir deine Lieblingssachen aus dem Schrank, benutz dein Lieblingsparfüm, gib dir besonders viel Mühe mit deinem Styling: die besten Schuhe, deine wertvollste Jacke … Schon fühlst du dich besser und selbstbewusster. Noch ein Blick in den Spiegel, bewundere dich kurz selbst und dann kann der Tag kommen!

87 Color up your life

Helle, bunte Farben (zum Beispiel bei deiner Kleidung) sprechen in deinem Gehirn die Areale an, die für gute Laune zuständig sind. Wenn du schlechte Laune hast, entscheide dich doch mal bewusst für etwas Farbiges aus deinem Kleiderschrank (auch im Winter) und schaue, was passiert.

88 Let's move

Bewegung in jeglicher Form ist für uns Menschen essenziell wichtig. Deine Zellerneuerung wird gefördert, dein Herz-Kreislauf-System wird trainiert, dein Immunsystem gleich mit und deine Muskulatur freut sich sowieso! Warum Sport und Bewegung für deinen Körper gesund sind, darüber könnte ich vermutlich allein ein ganzes Buch schreiben, aber was hat das denn nun mit Gelassenheit zu tun?

Sport und Bewegung machen den Kopf frei, denn dein Körper ist damit beschäftigt, andere Leistungen zu erbringen. Außerdem werden Stresshormone abgebaut und Glückshormone ausgeschüttet. Du füllst deine inneren Ressourcen, indem du dich auf dich konzentrierst und dir eine „Me-Time" gönnst. Dabei ist es egal, ob du dich im Fitnessstudio zu Hause fühlst, im Wald beim Walken oder Joggen, im Schwimmbad oder bei dir zu Hause die Musik aufdrehst und durch die Wohnung tanzt!

89 Raus mit dem Krempel

Ausmisten tut so gut. Nimm dir regelmäßig eine Stunde Zeit und begib dich in deinem Zuhause auf die Suche nach etwas, das du lange nicht mehr benutzt hast, oder nach etwas, das dich beim Anblick nicht mehr glücklich macht. Wenn du etwas erstens nicht benutzt und es dich zweitens nicht mehr mit Freude erfüllt, dann kann es auch weg. Damit schaffst du nach und nach Platz für Neues und Schönes.

90 Übung: Mini-Change

Wenn du zu Hause zum Beispiel eine Wand in einer neuen Farbe streichst, kann sich der Gesamteindruck im Raum schon verändern und ihn schöner machen. Ein weiteres Beispiel wäre, an deinem Arbeitsplatz deinen Schreibtisch umzustellen. Schau mal, was die neue Perspektive verändert. Wie wäre es mit einer kleinen Challenge? Such dir eine Woche lang jeden Tag eine Kleinigkeit, die du veränderst: eine neue Blume hier, eine andere Deko dort. Wenn du Spaß daran hast, kannst du damit auch so lange weitermachen, bis du nichts mehr entdeckst, was du verändern möchtest.

91 Übung: Mini-Change Umsetzung

Schreib dir auf, was du eine Woche lang verändert hast.
Zum Beispiel:

Montag:	Ein Bild im Schlafzimmer erneuert
Dienstag:	Eine neue Pflanze auf den Schreibtisch gestellt
Mittwoch:	Neue Bettwäsche gekauft und aufgezogen
Donnerstag:	Ein Regal aussortiert
Freitag:	Eine Bodenvase umgestellt
Samstag:	Einen Teppichläufer entfernt
Sonntag:	Neue Deko auf dem Esstisch

Am Ende der Woche hast du mit vielen kleinen Aktionen eine Menge verändert. Freu dich bewusst über das Ergebnis und genieß es!

92 Nice to know

Wenn du dich mit schönen Dingen umgibst, über die du dich freust, und auch wenn du lächelst, schüttet dein Gehirn reflektorisch Glückshormone aus. Und Glückshormone sind Dünger für deine Gelassenheit!

IT'S YOUR CHOICE – DU HAST DIE WAHL

93 Die gute und die schlechte Nachricht

Die gute Nachricht ist: Du kannst es ganz allein schaffen, an deiner Gelassenheit zu arbeiten und sie zu trainieren. Du musst niemanden fragen, du kannst den Zeitpunkt und das Tempo allein bestimmen. Du hast deinen Erfolg in der Hand. Die schlechte Nachricht: Du allein bist für deinen Erfolg und deine innere Haltung verantwortlich, niemand kann es dir abnehmen, an dir zu arbeiten.

94 Du hast die Wahl

Vielleicht hast du das Gefühl, zu oft Opfer der Umstände im Leben zu sein. Die Wahrheit ist: Du bist allein für die Gestaltung deines Lebens verantwortlich. Ich weiß, ich polarisiere, wenn ich dir jetzt verrate: Du hast immer eine Wahl. Ob du in deiner Partnerschaft bleibst oder die Beziehung beendest – es ist deine Entscheidung. Ob du morgen noch zur Arbeit gehst oder kündigst – du bestimmst das allein. Ob du aufgibst oder ob du dich entscheidest zu kämpfen – du hast es in der Hand. Natürlich hat jede deiner Handlungen auch große oder kleine Konsequenzen. Aber es ist und bleibt deine Wahl. Das kann beängstigend sein, aber auch sehr befreiend. Es ist **dein** Leben.

95 Die Macht des Unbewussten

Dein Gehirn und dein Unterbewusstsein arbeiten wie ein superschneller Rechner mit einer unendlichen Speicherkapazität. Während du wach bist, aber auch wenn du schläfst, laufen im Hintergrund ständig Analysen, Bewertungen und Berechnungen, ohne dass du es bewusst wahrnimmst. Dein Körper und deine Psyche passen sich so stets an die Umgebung und die Anforderungen deines Lebens an. Atmung, Herzschlag, Hunger, Durst und Wärmeregulation sind nur einige körperliche Beispiele. Dein Gehirn passt auch deine seelische und geistige Verfassung zum Beispiel durch die Ausschüttung von Hormonen an die jeweiligen aktuellen Herausforderungen an (siehe auch Kapitel 2 Tanz der Hormone ab # 267). Deine Konzentration und dein Fokus sind zwei Beispiele dafür. Auch deine Gefühle und Reaktionen werden so automatisch an die aktuelle Situation angepasst. Diese Vorgänge kannst du erstmal nicht verändern oder steuern. Du kannst allerdings die Umstände verändern und so auch die unbewussten Vorgänge in deinem Organismus positiv beeinflussen.

96 Vertraue auf dein Bauchgefühl

Manchmal hast du zwei oder mehrere Optionen und du kannst dich einfach nicht entscheiden. Du wägst ab, überlegst hin und her, prüfst Fakten und denkst so lange daran herum, bis du am Ende gar nicht mehr weißt, was eigentlich richtig ist. Dann ist es Zeit, mal den Verstand beiseitezuschubsen und deine Gefühle zu befragen. Denn dein Bauchgefühl steht für das Unterbewusstsein, dein Verstand für dein Bewusstsein. Und manchmal weiß dein Unterbewusstsein schon längst, was für dich gut ist, bevor auch dein Verstand das akzeptiert (siehe auch Kapitel 1 Good Feelings).

97 Übung: Kopf und Bauch

Wenn du für ein Problem mehrere Lösungsoptionen hast, schreib jede Lösung auf ein DIN-A4-Blatt und leg diese Blätter vor dir auf den Boden. Dann stellst du dich nacheinander auf jeden dieser Zettel und stellst dir vor, du hättest dich für die jeweilige Option bereits entschieden. Jetzt stellst du dir für jede Option folgende Fragen:

- Was fühlst du dabei? Fühlt es sich gut an oder bist du nervös, wenn du daran denkst?
- Auf welchem Blatt, das für eine Option steht, fühlt es sich richtig an? Auf welchem besser oder schlechter? Wo wird dir warm ums Herz und wo spürst du eine Abneigung?

Diese Übung holt dich kurzfristig von der Verstandsebene in dein Bauchgefühl. Und dein Bauchgefühl kann dir durchaus den richtigen Weg weisen, wenn dein Verstand nicht weiterkommt.[12]

98 Love it, change it or leave it

Klingt einfach, es fühlt sich aber leider so schwierig an, es in die Tat umzusetzen. Wenn dir gewisse Umstände in deinem Leben immer wieder Kraft und Energie rauben, solltest du vielleicht etwas ändern. Und wenn es „nur" deine Einstellung ist. Solange du es nicht in die Hände nimmst, wird sich von allein vermutlich nichts bewegen.

99 Übung: Love it

Auch wenn dir deine Mitmenschen, deine Wohnung oder dein Job oft genug auf die Nerven gehen, du findest bestimmt etwas, was du daran magst. Gerade in den Situationen, in denen es nicht so einfach ist, gleich deine ganzen Beziehungen zu verändern, kann es sehr wirksam sein, den Fokus auf die Dinge zu lenken, die du an deinem Gegenüber oder deinem Zuhause etc. schätzt.

Erstelle eine Liste mit all den positiven Dingen, die dir dazu einfallen. Zum Beispiel:

- Dein Chef nervt mit seiner schlechten Laune am Morgen, er ist aber großzügig und hat immer ein offenes Ohr für dich.
- Deine Nachbarin hört zu oft laute Musik, du kannst dir aber immer etwas ausleihen, wenn dir gerade etwas zum Kochen fehlt.
- Deine Wohnung ist zu dunkel, sie ist aber super zentral gelegen und du kannst alles ohne Auto erreichen.
- …

Diese Übung hilft dir, den Fokus auf die positiven Dinge zu lenken. Wenn du dich das nächste Mal über etwas ärgerst und deshalb nicht gelassen sein kannst, schau auf deine Liste, ob du etwas Positives aufgeschrieben hast, das deinen Ärger relativiert.

100 Schatzsuche

Wenn du nicht gleich darauf kommst, was du an einem Menschen, deiner Wohnung, im Urlaub oder an deinem Arbeitsplatz wertschätzen könntest, dann mach dich auf die Suche. Suche zum Beispiel eine Gemeinsamkeit mit einer Kollegin, die dich sonst meistens auf die Palme bringt. Plane eine Unternehmung mit deinem Partner, die euch beiden Spaß macht. Betrachte deine Kinder mal wieder, wenn sie schlafen (dann verwandeln sich alle Kinder von kleinen Teufelchen sofort wieder in kleine Engel). Es ist wie eine Schatzsuche. Manchmal brauchst du Geduld, manchmal musst du tiefer graben. Aber ich bin sicher, du wirst etwas finden.

101 Übung: Change it

Wenn du nichts Positives findest, was du lieben kannst, überleg dir, wo du selbstwirksam etwas ändern kannst. Mit wem kannst du sprechen, wen kannst du um Hilfe bitten, wo kannst du ansetzen, um eine Verbesserung zu erwirken?

- Vielleicht ein Gespräch mit einem Vorgesetzten über deine Situation am Arbeitsplatz?
- Vielleicht ein Telefonat mit dem Hausverwalter über die dringend notwendige Renovierung in deiner Wohnung?
- Kennst du vielleicht einen Freund, eine Bekannte, der/die eine ähnliche Herausforderung bereits gemeistert hat und dir einen Tipp geben kann (siehe auch # 82)?

Diese Übung kann dir helfen, Lösungsstrategien zu entwickeln und aktiv zu werden. Durch das Gefühl, selbstwirksam etwas verändern zu können, bekommst du auch gleichzeitig Gelassenheit, denn so bist du nicht das Opfer deiner Umstände.

102 Leave it

Wenn du jetzt immer noch das Gefühl hast, du hast schon alles versucht, alle deine Ideen haben nicht funktioniert und deine Situation ist wirklich unerträglich, dann ist es jetzt an der Zeit loszulassen. Es ist keine gute Idee, an Dingen ewig festzuhalten, die dir nicht guttun. Wenn du leidest, keine Aussicht auf Besserung in Sicht ist und du nicht mehr weißt, wie es weitergehen soll, dann ist es völlig okay, deine Situation zu verändern, indem du sie verlässt. Vielleicht ist es Zeit für eine neue Wohnung, einen neuen Job, eine neue Beziehung oder ein neues Auto? Wann dafür der beste Zeitpunkt ist, das weißt nur du (siehe auch # 94).

103 Aufgeben ist eben doch eine Option

Natürlich ist ein gewisses Durchhaltevermögen sinnvoll, um deine Ziele zu erreichen und auch Krisen zu überstehen, ohne immer gleich zu flüchten. Wenn dir das Festhalten an einem Menschen, einem Ziel oder einer Umgebung allerdings mehr schadet als nützt, kann dich Aufgeben auch viel schneller dem näher bringen, was dich wieder gelassener und glücklicher macht. Festhalten kann dich im schlimmsten Fall sogar krank machen, denn es kann zu durchwachten Nächten, Stress und Depressionen führen.[13]

104 Übung: Bestandsaufnahme

Wenn du dir nicht sicher bist, ob du aufgeben und dich neu orientieren möchtest oder ob du noch weiter die Zähne zusammenbeißen möchtest, weil du noch an einen guten Ausgang glaubst, kann dir eine Bestandsaufnahme helfen. Stell dir dafür folgende Fragen:

- Entspricht die Situation noch meinem ursprünglichen Ziel?
- Ist es noch realistisch, dass ich mein Ziel erreiche, ohne mir dabei zu schaden?
- Habe ich noch genug Kraft, um weiterzumachen und ggf. sogar einen Rückschritt zu verkraften?

Diese Übung kann dir helfen deine Situation zu überdenken. Wenn du die obigen Fragen mit „Nein" beantwortet hast, kann es durchaus sein, dass Aufgeben in diesem Fall die bessere Wahl für dich ist.[14]

105 Nice to know

Auch hier können schon kleine Schritte in die richtige Richtung dir ein Stück deiner Gelassenheit zurückgeben. Beginne bei deinen Überlegungen zur Veränderung mit Kleinigkeiten und denke nach und nach in größeren Dimensionen (siehe auch Kapitel 2 Kleine Veränderungen, große Wirkung – Easy Tools ab # 85).

106 Übung: Bad News?

Diese Übung bezieht sich auf deine Gelassenheit in Bezug auf gute oder schlechte Nachrichten.

Wenn du auf eine Antwort von jemandem wartest, zum Beispiel auf eine Mail, die für dich gut oder schlecht sein könnte: Wovon gehst du aus? Nimmst du an, dass die Nachricht natürlich positiv ausfällt und deinen Wünschen entspricht, oder gehst du davon aus, dass es natürlich nur nach hinten losgehen kann und du auf jeden Fall eine schlechte Nachricht bzw. eine für dich „falsche" Antwort bekommst? Die Chancen stehen 50 : 50.

107 Übung: Good News!

Wenn du dich dabei erwischst, die schlechte Nachricht zu erwarten, dann fokussiere dich doch diesmal auf die gute Nachricht. Stell dir folgende Fragen dazu:

- Wie sieht die gute Nachricht aus?
- Wie fühlt es sich an?

So kannst du den kommenden Ereignissen viel gelassener entgegensehen. Wenn die Nachricht dann doch nicht wie gewünscht ausfällt, kannst du dir immer noch Gedanken über die Konsequenzen machen. Im Voraus ist das aber noch nicht nötig, denn beeinflussen kannst du das Ergebnis vermutlich nicht.

WAS GLAUBST DU, WER DU BIST? – DEINE GLAUBENSSÄTZE UND CO.

Glaubenssätze

108 „Ich glaube zu wissen"

Glaubenssätze sind deine grundsätzlichen Lebensannahmen. Sie sind neben deinen Werten und Bedürfnissen eine weitere Instanz, nach der du lebst, handelst und Entscheidungen triffst. Dabei gibt es positive und negative Glaubenssätze, nach denen du dich ausrichtest. Sie bilden dein Mindset, sind Teil deines Selbstbildes und deines Vertrauens in dich, in andere Menschen und in deine Zukunft.[15]

109 „Nach meiner Erfahrung …"

Deine Glaubenssätze können sich aus deinen eigenen Erfahrungen bilden, die sich öfter wiederholt haben und zu deinen Glaubenssätzen geworden sind. Ein Beispiel: Wenn ich zu spät nach Hause komme, bekomme ich nie einen Parkplatz vor der Tür.

110 „Meine Eltern haben immer gesagt …"

Deine Glaubenssätze kannst du auch im Laufe deines Lebens von außen übernommen haben, zum Beispiel von deinen Eltern. Diese Glaubenssätze kannst du gut daran erkennen, dass sie mit einem anderen Menschen verknüpft sind. Ein Beispiel: Meine Mutter hat immer gesagt: Wenn du dein Bett morgens nicht machst, verlierst du die Kontrolle über dein Leben.

111 Sprichwörtlich genommen

Auch Sprichwörter können zu deinen eigenen Glaubenssätzen werden, wenn du dich an ihnen orientierst. Ein Beispiel: Wer rastet, der rostet.

112 Jeder hat seine eigene Wahrheit

Jeder Mensch hat seine eigenen Glaubenssätze. Sie sind in erster Linie subjektive Wahrnehmungen und keine objektiven Wahrheiten. Darum heißt es ja auch „Glaubenssatz" und nicht „Wissenssatz". Was hat das jetzt mit deiner Gelassenheit zu tun? Du ahnst es wahrscheinlich schon: Deine Glaubenssätze können dir ganz schön die Laune verderben, besonders wenn sie dich bremsen oder dich belasten.

113 Ein wahrer Segen

Es gibt positive Glaubenssätze und negative Glaubenssätze, die dich begleiten. Die positiven Glaubenssätze sind ein Segen. Sie können dich motivieren, sie schenken dir Bestätigung und Sicherheit. Beispiele für positive Glaubensätze:

- Egal was passiert, ich finde eine Lösung
- Nach jedem Regen folgt Sonnenschein
- Ich weiß nicht alles, aber ich kann alles lernen
- ...

114 Sei wie Pippi

Mein absolutes Vorbild in Sachen positive Glaubenssätze ist Astrid Lindgrens „Pippi Langstrumpf". Sie ist so voller positivem Mindset, dass sich auch Erwachsene noch eine ganze Menge von ihr abschauen können. Einer meiner Lieblingssätze von ihr ist: „Das habe ich noch nie vorher versucht, also bin ich völlig sicher, dass ich es schaffe."

115 Mehr schlecht als recht

Negative Glaubenssätze sind Gift für deine Gelassenheit. Sie schwirren in deinem Kopf umher und wollen dich ständig davon überzeugen, dass dein Leben negativ ist. Eigentlich sollen sie dich zum Beispiel vor riskanten Entscheidungen beschützen, gleichzeitig bremsen sie dich aber in deinen Möglichkeiten aus. Sie füttern deine Selbstzweifel und stärken dein Misstrauen, auch anderen Menschen gegenüber. Beispiele für negative Glaubenssätze:

- Ich bin zu alt dafür
- Ich muss es allen recht machen
- Ich schaffe das sowieso nicht
- Ich bin nicht gut genug, nicht hübsch genug, nicht schlau genug …
- Mich mag sowieso niemand
- …

 # 116 Übung 1. Schritt: Deine negativen Glaubenssätze
Im ersten Schritt überlegst du dir 5 negative Glaubenssätze, die du gespeichert hast.

- Ich bin/habe immer …
- Jeder um mich herum …
- Grundsätzlich passiert es mir, dass …
- Alle anderen …
- Nie …
- Ich muss …

 # 117 Übung 2. Schritt: Turn around
Im zweiten Schritt nimmst du diese Glaubenssätze und hinterfragst sie:

- Was könnte eine andere Sichtweise dazu sein?
- Findest du Beispiele, in denen es nicht so war, wie du es in deinem Glaubenssatz verankert hast?
- Was wäre das genaue Gegenteil dieses Glaubenssatzes?
- Wie würden Außenstehende die Situation beurteilen?

Diese Übung soll dir helfen, deine negativen Glaubenssätze zu finden und einem Realitätscheck zu unterziehen. So kannst du dich zukünftig, wenn du aufgrund eines Glaubenssatzes nicht gelassen in eine Situation hineingehen kannst, fragen, ob du diesen Glaubenssatz wirklich noch brauchst oder ob du ihn neu definieren möchtest.

Perfektionismus - Fluch und Segen

118 Die zwei Seiten der Medaille

Dein größter Kritiker bist du selbst. Dein eigener Anspruch an dich und deine Leistungen kann zwar einerseits dein Antrieb sein, andererseits birgt er auch die Gefahr, dass du dich völlig unnötig unter Druck setzt. Das Streben nach Perfektionismus hat zwei Seiten. Zum einen ist ein hoher Anspruch gut, wenn es um deine Zielerreichung geht. Du wirst strukturierter und motivierter an deine Herausforderungen gehen. Das nennt man dann auch „funktionalen Perfektionismus".

119 Zu viel des Guten

Perfektionismus kann unter Umständen aber auch zu einem echten Gelassenheitskiller werden. Das passiert immer dann, wenn du glaubst, es muss alles immer 100 % perfekt sein, und dich dieser Glaubenssatz stark unter Druck setzt (dysfunktionaler Perfektionismus). Du bist unmotiviert und unzufrieden, beschäftigst dich in Gedanken nur noch mit dem, was (noch) nicht gut gelungen ist, und übersiehst dabei deine Erfolge. Dadurch bist du dann auch nicht mehr gelassen.[16]

120 Übung: Perfekt unperfekt

Oft sind es gar nicht die Ansprüche von außen, die dich antreiben, perfekt sein zu müssen. Es ist vielmehr dein eigener Anspruch bzw. eventuell auch dein Glaubenssatz dazu. Viele meiner Klient:innen sind alles andere als gelassen, wenn es um ihre Ansprüche an sich selbst geht. Die Fragen, die du dir in diesem Zusammenhang stellen solltest, lauten:

- Warum ist es dir so wichtig, perfekt zu sein?
- Was verbessert sich realistisch wirklich, wenn du über das Maß von nötig hinaus deine Aufgaben perfektionierst?

Diese Übung kann dir helfen, deine Gelassenheit innerhalb deiner Perfektion nicht zu verlieren, denn sie relativiert das „perfekte" Ergebnis, wenn du erkennst, dass 80 % oft auch schon reichen.

121 80/20 – das Paretoprinzip

Der italienische Soziologe und Ökonom Vilfredo Pareto beschrieb 1906 ein Konzept, nach dem 80 % des Ergebnisses bereits mit 20 % des Einsatzes von Zeit bzw. Energie erreicht werden. Um die restlichen 20 % des perfekten Ergebnisses auch noch zu erreichen, müsstest du danach also 80 % mehr Zeit und Energie aufbringen.[17]

122 Achtung, Falle! – die erste

Die Falle, in die du vielleicht auch gerne tappst, ist in diesem Zusammenhang leicht zu erklären. Oft beißen wir uns zu lange und zu ausführlich an den unwichtigen Aufgaben fest, und dann hast du zu wenig Zeit für die wichtigen Dinge. Das wiederum führt zu Stress und die Gelassenheit bleibt auf der Strecke.

123 Achtung, Falle! – die zweite

Die zweite Paretofalle lauert als Ausrede, wenn du eigentlich keine Lust hast, etwas zu Ende zu machen und dir das Paretoprinzip dann als Rechtfertigung dient, dass 80 % des Ergebnisses schließlich genügen müssen.

124 Übung: Paretoprinzip

Schau dir in diesem Zusammenhang mal deine To-do-Liste an. Welche Aufgaben eignen sich besonders gut, um das Paretoprinzip anzuwenden und so deinem dysfunktionalen Perfektionismus entgegenzutreten? Welche Punkte kannst du mit 20 % deiner Zeit schon erledigen, so dass du weniger Zeitstress hast? Diese Übung ist ergänzend zum Thema Zeitmanagement!

125 Übung: „Ach, eigentlich ist es auch egal"

Das ist einer der heilsamsten Sätze, die du zum Thema Gelassenheit finden kannst. Wenn etwas um dich herum mal wieder nicht perfekt ist, dann versuche es mit diesem Satz. Ein paar Beispiele:

- Du möchtest mit dem Hund rausgehen und es regnet? Ach, eigentlich ist es auch egal, ich nehme einfach die Regenjacke.
- Du musst heute länger arbeiten als geplant? Ach, eigentlich ist es auch egal, zu Hause wollte ich eh nur aufräumen, das läuft nicht weg.
- Du hast Gäste erwartet und die haben kurzfristig abgesagt? Ach, eigentlich ist es auch egal, dann habe ich endlich Zeit für mein neues Buch.

Das Positive an einer Situation ist oft zum Greifen nah. Mit dieser Übung lernst du, es zu suchen und im Fokus zu behalten.

126 Gleichmut tut gut

Kennst du den Unterschied zwischen Gleichmut und Gleichgültigkeit? Gleichmut bezeichnet eine innere Haltung, die Dinge anzunehmen und gelassen an sich vorüberziehen zu lassen, ohne sich dabei aus der Ruhe bringen zu lassen. Gleichgültigkeit hingegen bedeutet, dass dir deine Umwelt und ihre Probleme egal sind und du auch keine große Empathie empfindest. Gleichmütig zu sein bringt dich also in deine Gelassenheit zurück und lässt dich die Umstände entspannter annehmen.

127 Ist dein Glas halb voll oder halb leer?

Der Unterschied zwischen voll und leer liegt einzig und allein in deiner Fähigkeit, die positiven Dinge in vermeidlich schwierigen

Momenten zu sehen. Diese Kompetenz kannst du immer und überall üben. Beispiele dazu findest du auch in Kapitel 4, wo es um Situationen aus deinem Alltag, deiner Familie und deinem Beruf geht.

128 Wer ist eigentlich dieser „man"?

Man müsste, man sollte, das macht man so … Wie oft hast du das in deinem Leben schon gehört? Ständig versuchen wir, uns selbst zu optimieren und perfekt nach unseren Glaubenssätzen und Werten zu leben. Man muss eine ordentliche Wohnung haben, man sollte regelmäßig sein Auto waschen, man darf auf keinen Fall mit einem ungebügelten Shirt nach draußen gehen. Fällt dir etwas auf? Das alles ist sicherlich nicht ganz falsch, aber ständige Selbstoptimierung raubt dir im Alltag eine Menge Gelassenheit.

129 Übung: 5 gerade sein lassen

Mach dir eine Liste und überleg dir für jeden Tag in der nächsten Woche eine Sache, die du bewusst gegen deinen Perfektionismus entscheidest. Zum Beispiel:

- Montag: Eigentlich müsste ich zum Sport, aber heute reicht mir auch ein kleiner Spaziergang an der frischen Luft.
- Dienstag: Eigentlich soll ich die Blumen der Nachbarin gießen, aber das hat auch noch bis morgen Zeit, ich genieße lieber die Sonne im Schwimmbad.
- Mittwoch: Eigentlich müsste ich ein Hemd bügeln, aber heute reicht auch ein ungebügeltes T-Shirt.

Was fällt dir noch ein? Du wirst feststellen: Wenn du dich daran gewöhnt hast, auch mal nicht perfekt zu sein, gibt dir das viel Gelassenheit zurück.

130 Selbst-bewusst-sein

Da Perfektion sowieso im Auge des Betrachters liegt, kann niemand objektiv perfekt sein. Wenn du dich selbst gut kennst und einigermaßen realistisch einschätzen kannst, kann es dir auch egal sein, was andere von dir denken. Solange du mit dir zufrieden bist, kann dich die Kritik von den Menschen um dich herum auch nicht so schnell aus der Ruhe bringen. Wenn du nicht sicher bist, was in einer bestimmten Situation von dir erwartet wird, dann frage nach und besprich die Erwartungshaltung von deinem Gegenüber lieber nochmal detailliert. Das gibt dir Sicherheit und so erwarten dich hinterher auch keine bösen Überraschungen in Form von unnötiger Kritik. Bei dieser Gelegenheit kannst du auch gleich deine Wünsche und Vorstellungen aktiv einbringen (siehe auch Kapitel 4 # 325).

Fehler oder Lerngeschenke

131 Jetzt bloß keinen Fehler machen – Fehlerkultur

Fühlst du dich schlecht, wenn du einen Fehler gemacht hast, oder hast du manchmal Angst, Fehler zu machen? Das kann dann dazu führen, dass du aus Angst davor, etwas falsch zu machen, Dinge gar nicht erst versuchst. Woran liegt das? In unserer Gesellschaft sind Fehler bis heute nicht sehr hoch angesehen. Du lernst von Anfang an, dass Fehler, die du machst, bestraft werden. Egal, ob du als Kind etwas falsch gemacht hast oder später in der Schule, wo du für Fehler in der Klassenarbeit eine schlechtere Benotung bekommst. 6, setzen. Je nachdem, mit welcher Emotion dein Gedächtnis die Fehler in deinem Leben belegt und abgespeichert hat, kann diese Prägung auch im Erwachsenenalter noch dazu führen, dass du Angst davor hast, Fehler zu machen oder zu deinen Fehlern zu stehen.

132 Schäm dich!

Du schämst dich immer dann, wenn du dich in einer für dich unangenehmen Situation befindest. Wenn du beim Lügen erwischt wirst, wenn dir etwas peinlich ist oder wenn du einen Fehler gemacht hast. Schamgefühl entsteht in dir selbst, je nachdem, wie du die Situation gerade wahrnimmst. Wann du Scham empfindest, ist auch von deinen Werten und deinen Glaubenssätzen abhängig (siehe auch Kapitel 1 Darf ich das? – Werte, Moral und Ethik und Kapitel 2 Glaubenssätze).

Deine körperliche Reaktion auf Scham ist so individuell wie ihr Auslöser. Du kannst rot werden, schwitzen, einen trockenen Mund oder Magenschmerzen bekommen oder dir wird schwindelig. Auch Herzklopfen und ein Gefühl, als hättest du einen Kloß im Hals, sind nicht unnormal. Je nachdem, wie stark du dich schämst, wird auch deine körperliche Reaktion heftiger ausfallen.[18]

133 Übung: Musst du dich wirklich schämen?

Dein Schamgefühl ist ein wichtiger Indikator für dein Wertesystem. Immer wenn du dich schämst, kannst du dieses Gefühl als Chance nutzen, dein Verhalten zu reflektieren und deine Werte und Glaubenssätze zu hinterfragen. Stell dir dafür folgende Fragen:

- Warum genau schäme ich mich gerade?
- Wie würde eine fremde Person die Situation beurteilen?
- Kann ich etwas tun, damit ich jetzt gerade stolz auf mich sein kann?
- Was kann ich gerade aus der Situation lernen?

Diese Aufgabe kann dir helfen, gelassener damit umzugehen, wenn du dich für etwas schämst.

134 Aus Fehlern lernt man

Die gute Nachricht ist: Du kannst deine Einstellung zu Fehlern verändern. In dem Moment, in dem du einen Fehler nicht mehr als negatives Ereignis betrachtest und das Wort „Fehler“ durch das Wort „Lerngeschenk“ ersetzt, kannst du mit deinen Fehlern viel gelassener umgehen.

135 Übung: Lerngeschenke

Jedes Mal, wenn du vermeidlich etwas falsch gemacht hast, kannst du Lösungen entwickeln, damit dir in einer ähnlichen Situation das Gleiche nicht noch einmal passiert. Erstelle im ersten Schritt eine Liste mit 5 Fehlern, die dir in letzter Zeit passiert sind:

- Ich habe vergessen, den Kuchen rechtzeitig aus dem Ofen zu holen, leider gab es dann nur Kekse.
- Ich habe die Wäsche zu heiß gewaschen, jetzt ist mein Pulli eingelaufen.
- Ich habe die Blume zu viel oder zu wenig gegossen, jetzt ist sie eingegangen.
- ...

Im zweiten Schritt überlegst du dir, was du aus diesen Fehlern gelernt hast und welche Lösung dir einfällt:

- Kuchen: Ich stelle mir beim nächsten Mal einen Timer.
- Wäsche: Ich sortiere die Wäsche vorher und wasche sensible Wäsche extra.
- Blume: Ich notiere mir im Kalender, wann ich zuletzt gegossen habe, um den Überblick zu behalten.

Wenn du diese Übungen oft genug wiederholst, dann wirst du in Zukunft viel gelassener auf deine Lerngeschenke reagieren können, denn dein Fokus richtet sich jetzt auf die möglichen Lösungen.

Stolz und sein Vorurteil

136 Bist du stolz auf dich?

Wenn du auf etwas stolz bist, was du geleistet oder erworben hast, und darüber redest, kann es dir passieren, dass du als Angeber abgestempelt wirst. Vielleicht reden die Menschen in deiner Umgebung deine Erfolge auch kleiner, als sie sind, und versuchen, dir deinen Stolz mieszumachen. Das kann dich schon mal aus der Gelassenheits-Bahn werfen.

137 Neid vs. Missgunst

Der Hauptgrund dafür, warum andere Menschen dir deine Erfolge nicht gönnen, ist negativer Neid. Neid an sich muss nicht unbedingt negativ sein. Wenn du selber gerne etwas hättest, das jemand anderes schon erreicht hat, dann kann das ein Ansporn und eine Inspiration sein (siehe auch # 203). Negativer Neid hingegen kann in Missgunst umschlagen. Und Missgunst lenkt deinen Fokus auf das, was du nicht hast, und lässt dich Ärger und Trauer empfinden.[19]

138 Genieße deine Erfolge

Wenn dir jemand scheinbar deinen neuen Job, den neuen Fernseher oder deinen Mut, dir die Haare kurz schneiden zu lassen, nicht gönnt, darfst du trotzdem stolz auf dich sein. Du hast sicher eine Menge dafür getan, was dein Gegenüber nicht weiß oder nicht sehen kann. Stolz zu empfinden ist dein eigenes Belohnungssystem. Dein Körper schüttet Glückshormone aus und das stärkt dein Selbstbewusstsein.[20]

STRESS, LASS NACH – DEIN UMGANG MIT STRESS

Stress oder vielmehr das, was du darunter verstehst, ist sicherlich einer der Hauptgründe dafür, warum du unentspannt bist. In stressigen Situationen ist es mit der Gelassenheit auch noch einmal schwieriger. Auf den folgenden Seiten erfährst du viel Wissenswertes über „Stress", deinen Umgang damit und bekommst wertvolle Lösungsansätze.

139 Fight or Flight

Es gibt zwei wesentliche Systeme im Körper, die bei Stress jeweils unterschiedlich reagieren. Der Sympathikus ist ein Teil deines unwillkürlichen (also nicht dem Willen unterliegenden) Nervensystems und ist in stressigen Zeiten voll aktiv. Alle Funktionen, die für „Fight or Flight"-Situationen nötig sind, sind im Stress aktiviert und in Alarmbereitschaft. Das betrifft zum Beispiel die bessere Durchblutung deiner Skelettmuskulatur, dein Herzschlag geht schneller, deine Atmung sorgt für mehr Sauerstoff in deinen Zellen, du bist hochkonzentriert.

140 Cool down

Im Gegenzug wird das parasympathische System immer dann aktiv, wenn du zur Ruhe kommst. Jetzt ist Zeit für alle Funktionen in deinem Organismus, die in stressigen Zeiten nicht gebraucht werden, wie zum Beispiel deine Verdauung.[21] Was du als „Stress" empfindest, ist also eine körperliche Reaktion, ausgelöst durch die Ausschüttung von Stresshormonen (siehe auch Kapitel 2 Der Tanz der Hormone). Dein Herzschlag erhöht sich ebenso wie deine Atemfrequenz. Du empfindest Unruhe und manchmal auch Angst.

141 Hast du Stress?

Die körperlichen und psychischen Anzeichen von Stress können dabei ganz individuell ausfallen:[22]
schwitzige Hände, Kopfschmerzen, Verspannungen, Schlaflosigkeit, erhöhter Blutdruck, gesteigerter oder verminderter Appetit, Unruhe, Nervosität, Gereiztheit, Verdauungsprobleme, Atemnot, Hautprobleme …

142 Stress ist das, was du daraus machst

Ob dein Gehirn sich entscheidet, Stresshormone auszuschütten oder nicht, hängt damit zusammen, wie du deine momentane Situation unterbewusst bewertest. Deine Erfahrungen, deine Resilienz und auch deine individuelle Konstitution haben Einfluss darauf, wie stressresistent du bist.

143 Stress ist nicht nur negativ

Das Wort „Stress" ist meistens eher negativ behaftet. Dabei gibt es zwei Arten von Stress: den „negativen" Stress, auch Distress genannt, und den „positiven" Stress, den so genannten Eustress.[23]

144 Eustress

Wenn du positiven Stress empfindest, bist du euphorisch und du hast ein richtig gutes Gefühl. Du bist konzentriert und fokussiert, du fühlst dich wach und energiegeladen. Du meisterst deine Herausforderungen mit Leichtigkeit und die Welt liegt dir zu Füßen.[24]

145 Deine Einstellung macht den Unterschied

Eustress ist auch anstrengend, du empfindest es aber nicht so. Die Energie, die dich der positive Stress kostet, wird dir erst mit etwas Abstand nach dem Ereignis bewusst. Eustress begegnet dir immer dann, wenn du zum Beispiel verliebt bist, dich ganz besonders auf etwas freust oder eine Herausforderung mit Freude verknüpfst.

146 Übung 1. Schritt: Happy Stress

Schreib dir eine Liste, bei welchen Gelegenheiten du in den letzten Monaten positiven Stress hattest, zum Beispiel:

- Als ich mein neues Auto abgeholt habe.
- Als ich endlich alles für meinen Urlaub geplant habe.
- Als ich die letzte Party organisiert habe.
- Als meine beste Freundin für eine Woche zu Besuch war.
- ...

147 Übung 2. Schritt: Wo liegt der Unterschied?

Im zweiten Schritt überlegst du dir, was in diesen Momenten eigentlich „stressig" gewesen wäre und warum du es nicht so empfunden hast. Du wirst feststellen, dass die Einstellung zu dem Ereignis, also deine Bewertung, dein Stressempfinden verändert.

148 Nice to know

Manchmal kann deine Psyche nicht unterscheiden, ob du positiven oder negativen Stress hast. Dein Körper schüttet Stresshormone aus, obwohl du dich eigentlich auf etwas freust. Wenn du zum Beispiel positiv aufgeregt bist, weil du in einen schönen Urlaub startest oder heiratest. Und dann schlägt dir das Herz plötzlich bis zum Hals, du bekommst hektische Flecken in den unpassendsten Momenten, hast einen trockenen Mund usw., obwohl es eigentlich keinen rationalen Grund dafür gibt.

149 Häufige Stressoren

Im ersten Kapitel hast du deine Triggerpunkte identifiziert. Trigger lösen zwar häufig heftige emotionale Reaktionen bei dir aus, sie sind allerdings nicht unbedingt gleichbedeutend mit deinen Stressoren. Wie oben bereits erwähnt, fühlt sich jeder von uns von anderen Umständen gestresst. Die häufigsten Stressoren, von denen mir meine Klient:innen berichten, sind:

- Lärm bzw. zu viele Geräusche
- Social Media und digitale Medien
- Zeitdruck
- Zielerreichung
- Zu hohe Erwartungshaltungen

150 Übung: Was empfindest du als stressig?

Damit du dich in Zukunft besser auf stressige Phasen einstellen kannst, kommt hier eine Übung zu deinen Stressoren. Neben den oben aufgezählten Punkten gibt es sicherlich auch noch andere Umstände, die du als Stress empfindest.

Im ersten Schritt überlegst du dir, was dich in deinem Leben stresst. Du kannst die obigen Punkte nutzen und um die Stressoren ergänzen, die dir auch noch einfallen. Beispiele könnten sein:

- Lärm
- Die Familie
- Dein Chef
- Zeitdruck
- ...

Wenn du deine Stressoren kennst, kannst du sie auch im Alltag leichter entlarven und dich entweder schützen, indem du sie im Voraus verhinderst, oder dich mit den Übungen aus diesem Buch besser wappnen, zum Beispiel durch Stärkung deiner Ressourcen.

 # 151 Lösungsansätze

Auf den folgenden Seiten stelle ich dir zu den häufigsten Stressoren praktische Lösungsstrategien vor. Im vierten Kapitel findest du zusätzlich noch viele Situationen aus Alltag, Familie und Beruf, die dir wahrscheinlich bekannt vorkommen werden. Dort gibt es auch noch dazu passende weitere wirksame Strategien, die dir wieder Gelassenheit schenken.

Lärm und zu viele Geräusche

Ein äußerer Umstand, der schnell dazu führt, dass du gestresst bist und deine Gelassenheit strapaziert wird, sind zu viele Geräusche und Lärm. Immer wenn deine Sinnesorgane überfordert sind, schüttet dein Körper Stresshormone aus (siehe auch # 268).

 # 152 Übung: In der Ruhe liegt die Kraft

Wenn du das Gefühl hast, dir wird alles zu viel, kann dir Stille helfen. Stille auszuhalten ist mittlerweile für viele Menschen eine

Herausforderung. Für deinen stillen Gelassenheitskick stelle alle beeinflussbaren Geräuschquellen um dich herum ab: Fernseher, tickende Uhren, Radio, vibrierende Handys, Waschmaschine und Geschirrspüler. Schließe die Fenster, setze dich an den stillsten Ort, den du finden kannst, und schließe die Augen. Versuche mal, die Stille um dich herum wahrzunehmen.

Was hörst du jetzt noch? Deinen Atem? Deinen Herzschlag?

Wenn du unruhig wirst, beende die Übung und versuche es später noch einmal. Nach und nach wird sich die Zeit, in der du in der Stille Kraft tanken kannst, verlängern.

153 Tipp: Es gibt was auf die Ohren

In manchen Situationen ist es schwierig, Stille zu finden. Ich denke zum Beispiel an Busse, Züge oder Flugzeuge. Dann können dir so genannte Noise-Cancelling-Kopfhörer helfen, die in der Lage sind, die Geräusche der Umgebung zu filtern und auszuschalten. Diese Kopfhörer bekommst du im Handel, online und auch gebraucht über entsprechende Plattformen. So kannst du die Welt da draußen ganz easy ausblenden und in die Stille eintauchen.

Switched off - Digital Detox

Fällt es dir manchmal schwer, innerlich zur Ruhe zu kommen? Bist du viel am Handy und auf Social Media unterwegs? Schaust du viel Netflix und Co., um dich abzulenken? In den folgenden Abschnitten geht es darum, deinen Umgang mit digitalen Medien zu reflektieren und dir Alternativen zu ermöglichen.

154 Serienjunkie

Gerade in hektischen Zeiten nutzen viele Menschen den Fernseher, um runterzukommen und die reale Welt ein paar Stunden auszublenden. Das ist völlig okay, solange du diese Zeiten bewusst nutzt. Wenn Netflix, Prime und Disney+ allerdings zu einem Ersatz für Gespräche, menschliche Beziehungen und zur einzigen Freizeitalternative werden, kann dir das langfristig eher schaden als nutzen. Im schlimmsten Fall kann Fernsehen sogar zur Sucht werden. Im Schnitt verbringen die Menschen drei Stunden pro Tag mit Fernsehen, das ist mehr als die Hälfte deiner durchschnittlichen Freizeit.[25]

155 Übung 1. Schritt: Wie viel Zeit schenkst du dem TV?

Weißt du, wie viel Zeit du am Tag ungefähr mit dem Fernsehen verbringst? Wenn nicht, ist es an der Zeit, es herauszufinden. Schreib dir im ersten Schritt zum Beispiel die Dauer einer Folge deiner Lieblingsserie auf und zähle am Ende der Woche die Folgen, die du angeschaut hast. Du kannst auch Filme zählen oder eine der vielen Zeit-Kontroll-Apps nutzen, um deinen Fernsehkonsum zu reflektieren.

156 Übung 2. Schritt: Alternative Ideen

Im zweiten Schritt machst du dir eine Liste dazu, was du mit der Zeit, die du mit Fernsehen verbracht hast, sonst gerne angefangen hättest. Hier ein paar Inspirationen:

- ein Instrument spielen lernen
- ein Buch lesen
- handarbeiten
- Freunde treffen
- ein Spiel spielen
- ...

Wenn du das nächste Mal deinen Fernseher anschaltest, schau vorher auf deine Liste und entscheide dich bewusst, ob du nicht lieber einen Punkt deiner Liste umsetzen möchtest.

157 Schöne bunte Welt

Instagram, Facebook und Co. lassen uns am Leben von zum Teil völlig fremden Menschen teilhaben. Hier bekommst du Abwechslung, politische Meinungen, Inspiration und jede Menge Input. Meine Klient:innen berichten mir allerdings auch häufig, dass sie sich gestresst fühlen, weil sie sich unterbewusst mit „Vorbildern" auf Instagram und Co. vergleichen. Das vermindert das Selbstwertgefühl und lässt dich glauben, bei anderen sei alles besser (siehe auch # 203).

158 Die Dosis macht das Gift

Wenn du zu viel Zeit auf Social Media oder mit dem Handy-Genuss verbringst, kann das dazu führen, dass dein Gehirn eine Art „Overload" erlebt. All die Eindrücke werden bewertet und verarbeitet. Wenn der Input zu viel wird, schaltet der Verstand ab. Zudem hast du das Gefühl, dein Handy immer mehr und immer öfter in die Hand nehmen zu wollen. Das ist Gift für deine Gelassenheit.

159 Übung: Digitale Auszeit

Da du es vermutlich auch gewohnt bist, ständig erreichbar zu sein, und dein Handy immer dabeihast, braucht es eine gewisse Zeit des Trainings, bis du ohne dein mobiles Endgerät gelassen und relaxt sein kannst. Überlege dir für jeden Tag einen Zeitraum, in dem du dein Handy bewusst zur Seite legst. Zum Beispiel jeden Morgen, wenn du frühstückst, oder jeden Abend, wenn du nach Hause kommst, für eine Stunde. Vielleicht immer dann, wenn du mit deiner Familie gemeinsam Zeit beim Essen, Film- oder Spieleabend verbringst. Schalte das Handy bewusst aus, leg es an einen festen Ort, zum Beispiel in einen Karton, und genieße es, weder erreichbar zu sein noch ständig das Gefühl zu haben, du könntest etwas verpassen.

160 Irritation erlaubt

Bei dieser Übung wirst du vielleicht zuerst irritiert sein, denn am Anfang kann es sein, dass du alles andere als gelassen bist, wenn du deine Gewohnheiten änderst. Immer wenn du aus deiner Routine ausbrichst, etwas in deinem Alltag veränderst, bedeutet das für dein Gehirn erst einmal Stress, denn es muss sich anpassen. Du wirst aber sehr bald feststellen: Je länger und öfter du dich den Stressoren deines Lebens wie Social Media, Lärm oder Hektik entziehst, umso gelassener wirst du nach und nach und insbesondere langfristig werden.

Zeitmanagement

Zeitdruck empfinden die meisten Menschen als belastend. Du fühlst dich schnell gehetzt, gestresst und bist immer auf dem Sprung. Darunter leidet nicht nur deine Gelassenheit, sondern auch die Qualität der einzelnen Aufgaben deines Tages kann dabei viel zu kurz kommen. Wir alle haben jeden Tag 24 Stunden. Die Frage ist nur: Wie kannst du dir deine Projekte so einteilen, dass du gelassen mit den täglichen Herausforderungen umgehen kannst?

161 Übung: Wichtig, dringend oder beides?

Wenn du deine To-do-Liste betrachtest, wonach entscheidest du, was du zuerst erledigen solltest?

Um deine Prioritäten zu setzen, kommt hier eine kleine Entscheidungshilfe. Sieh dir die Punkte auf deiner Liste nach und nach an. Überlege dir bei jedem Punkt, ob er 1) **wichtig** ist oder 2) **eilig** oder womöglich **beides** gleichzeitig? Alle „To-dos", die beides sind, wichtig und dringend, erledigst du zuerst. Bei den Punkten, die wichtig oder eilig sind, entscheidest du, bis wann du welchen Punkt erledigen musst oder kannst. Diese Punkte kannst du gut terminieren. So musst du nicht jeden Tag neu überlegen, was du heute erledigen solltest und kannst, sondern kannst nach und nach gelassen an deiner Aufgabenliste arbeiten.

162 Übung: Eins nach dem anderen

Eine weitere Möglichkeit, dein Zeitmanagement zu verbessern, um gelassener in deinen Tag zu starten, ist, deine Aufgaben an deine zeitlichen Ressourcen anzupassen und nicht umgekehrt. Man nennt das auch die „Pomodoro-Strategie".

Überleg dir im ersten Schritt, wie viel Zeit welcher Punkt auf deiner Aufgabenliste ca. in Anspruch nehmen wird. Dann denkst du im zweiten Schritt darüber nach, wie viel Zeit du am nächsten Tag, neben Job, Kindern und Alltag, haben wirst, um diese Aufgaben zu erledigen. Im dritten Schritt suchst du dir die 3 Aufgaben für den nächsten Tag heraus, die du realistisch schaffen kannst. Das können mal kleinere oder auch größere Aufgaben sein, je nachdem, wie sich dein Tag oder deine Woche gestaltet. Alle anderen Aufgaben terminierst du auf andere freie Zeitfenster. So hast du jeden Tag nur 3 Aufgaben vor Augen. Das entspannt dein Gehirn, lässt dich gelassener an deine Aufgaben herangehen und du minimierst deinen Stress.

163 Timeline

Überleg dir, welche deiner Aufgaben oder Herausforderungen von deiner Liste du bis wann erledigen kannst. Meist ist die Zeit, die bis zu einer entspannteren Phase vergeht, absehbar. Schreib dir im ersten Schritt die einzelnen Punkte, die dein Leben gerade stürmisch machen, auf. Im zweiten Schritt notierst du hinter jedes Thema einen ungefähren Zeitraum, wie lange diese Herausforderung noch andauern wird. So kannst du dir einen besseren Überblick verschaffen und der Berg, vor dem du gerade stehst, ist nicht mehr ganz so hoch.

164 Morgenmuffel oder Frühaufsteher

Neben all den Prioritäten und Zeitfenstern ist es für deine Planung auch sehr hilfreich, deinen individuellen Biorhythmus mitzubedenken. Wann bist du im Laufe des Tages am produktivsten? Wann kannst du dich am besten konzentrieren? Wann hast du am meisten Power? Da jeder Mensch unterschiedlich ist, solltest du diese Gedanken in deinen Tagesplan einfließen lassen.[26] Ich bin zum Beispiel ein ziemlicher Morgenmuffel und brauche relativ viel Vorlauf, um produktiv und effizient arbeiten zu können. Daher lege ich meine wichtigen Termine, soweit ich das beeinflussen kann, auch nicht vor 10 Uhr morgens. Wann ist deine Power-Hour?

Zielerreichung

165 Übung SMART ist clever

Wenn du dir ein neues Ziel setzt, dann nimmt deine Gelassenheit automatisch ab, je weniger realistisch erreichbar dieses Ziel ist. Irgendwann, wenn du merkst, dass dein Ziel nicht näher kommt, egal wie sehr du dich anstrengst, gibst du wahrscheinlich auf. Damit du deine Ziele ab sofort gelassen erreichen kannst, kommt hier ein Tipp dazu, wie du sie formulieren kannst.

Such dir ein Ziel (als Übungsbeispiel) und versuche es anhand folgender Kriterien zu definieren:

166 S = spezifisch

Formuliere deine Ziele so genau wie möglich. Wenn du zum Beispiel abnehmen möchtest, dann überleg dir nicht nur, wie viele Kilos du verlieren möchtest, sondern denk auch über deinen Umfang, die zukünftige Kleidergröße oder deine zusätzlichen Fitnessziele nach.

167 M = messbar

Wie genau kannst du dein Ziel überprüfen? Beim Abnehmen helfen dir deine Waage, vielleicht auch ein Maßband und eine Smart Watch. Wenn du dir kleine Zwischenziele setzt, ist dein Erfolg schneller sichtbar und messbarer und du kommst gelassener ans Ziel.

168 A = akzeptiert bzw. attraktiv

Ein Ziel, das dir eigentlich gar nicht wirklich wichtig ist oder dessen Sinn du in Frage stellst, wirst du unbewusst ablehnen. Daher fällt es dir auch viel schwerer, es zu erreichen. Denk darüber nach, warum genau du dir dieses Ziel gesetzt hast. *Was genau wird sich verbessern, wenn du am Ziel angekommen bist?*

169 R = realistisch

Ziele, die total unrealistisch sind, wird dein Unterbewusstsein ebenfalls nicht akzeptieren und dein Verstand wird ziemlich schnell erkennen: „Das kannst du auch gleich lassen." Auch bei diesem Punkt empfehle ich dir, kleinere realistische Zwischenziele einzubauen, um nicht die Geduld und die Gelassenheit auf deinem Weg zu verlieren.

170 T = terminiert

Damit sich die Erreichung deiner Ziele nicht ins Unendliche hinzieht und an deiner Gelassenheit nagt, solltest du dir für deine Ziele auch einen zeitlichen Rahmen überlegen. Bis wann genau möchtest du dein Ziel erreicht haben? Denke auch hier daran, realistische Zeiträume zu wählen.

171 Übung: Schließe einen Vertrag mit dir

Es hilft meinen Klient:innen, wenn sie einen verbindlichen Vertrag mit sich selbst schließen, um ihre Ziele zu erreichen. Probiere einmal aus, einen Vertrag zu formulieren. Ein Beispiel:

„Hiermit verpflichte ich mich, den Abstellraum aufzuräumen. Ich möchte dadurch mehr Ordnung und Struktur erreichen, um nicht immer so viele Dinge lange suchen zu müssen. Dafür werde ich täglich in der Zeit von 19.00 Uhr bis 19.30 Uhr jeweils ein Regal aussortieren und neu strukturieren. Der Abstellraum sollte in den nächsten 8 Wochen fertig aufgeräumt sein. Dabei möchte ich mindestens 1/3 der Regale leergeräumt haben.

Datum, Unterschrift"

Hänge den Vertrag zum Beispiel an deinen Kühlschrank, um dich daran zu erinnern, dass du dir gegenüber eine Verpflichtung erfüllen möchtest.

172 Ziele ja, aber bitte mit Gelassenheit

Wenn du bei den vorangegangenen Übungen merkst, dass du eher unentspannt wirst oder deine Gelassenheit schwindet, dann ist es wichtig, deine Ziele neu zu überprüfen.

- Sind es **zu viele** Ziele auf einmal?
- Ist es wirklich **wichtig**?
- Ist es **jetzt** nötig?
- Willst **du** dieses Ziel erreichen?

Durch eine Strukturierung deiner Ziele solltest du dich gelassener fühlen und nicht noch mehr unter Druck geraten.

Erwartungshaltung

Es gibt zwei Arten der Erwartungshaltung. Zum einen ist es deine eigene Erwartung an dich selbst (siehe auch Kapitel 2 Perfektionismus – Fluch und Segen). Zum anderen sind es die Erwartungshaltungen von anderen, die an dich herangetragen werden. Solange diese Erwartungen deinen Fähigkeiten, Bedürfnissen, Werten und Ressourcen entsprechen, ist das sicher kein Problem. Was aber, wenn du dich überfordert fühlst oder eine Aufgabe nicht übernehmen möchtest? Dann ist deine Gelassenheit in höchster Gefahr!

173 Übung: Was erwartest du von mir?

Durch diese Übung wird dir bewusst, an welcher Stelle du die Erwartungen anderer erfüllst, obwohl du eigentlich gegen deine eigenen Bedürfnisse, Werte oder Ressourcen handelst. Erstelle eine Liste mit den Momenten, in denen du für andere da bist, obwohl du lieber „Nein" gesagt hättest. Zum Beispiel:

- Wenn deine Kollegin dich immer bittet, die Ablage zu erledigen, obwohl du auch schon eher nach Hause gehen könntest.

- Wenn dein Partner dich bittet, ihn von einer Feier abzuholen, obwohl du eigentlich müde bist.
- Wenn dein Verein erwartet, dass du bei einem Fest hilfst, obwohl du lieber mit deinen Freunden unterwegs wärst.
- ...

Du empfindest die Erwartungen anderer immer dann als stressig, wenn deine Bedürfnisse und Werte miteinander in Konflikt geraten oder deine Ressourcen erschöpft sind.

174 Engelchen und Teufelchen

Stell dir folgende Situation vor: Du hattest eine anstrengende Woche und eigentlich hättest du gerne am Wochenende deine Ruhe. Du bist aber zu einem Geburtstag eingeladen und möchtest nicht absagen. Und nun? Das Teufelchen auf deiner Schulter sagt dir: „Bleib zu Hause, sag einfach ab. Irgendeine Ausrede wird dir schon einfallen." Das Engelchen auf deiner anderen Schulter hält dagegen: „Das kannst du nicht machen, du hast zugesagt und du musst zu deinem Wort stehen. Wenn du jetzt absagst, was werden die anderen von dir denken?" Wenn du absagst, hast du vielleicht deine Ruhe, zeitgleich aber ein schlechtes Gewissen.

175 Da hast du das Dilemma

Jetzt sitzt du zwischen den berühmten Stühlen. Warum ist das so? Solche Situationen begegnen dir immer dann, wenn deine Bedürfnisse und deine Werte nicht übereinstimmen. Deine Bedürfnisse kannst du nicht einfach mal soeben schnell verändern. Du kannst in solchen Momenten allerdings über deine Werte nachdenken. Immer wenn du dich in einer solchen Situation wiederfindest, kannst du dir die folgende Frage stellen:

Was ist mir in diesem Moment wichtiger, mein Wert oder mein Bedürfnis?

Zu Bedürfnissen und Werten siehe auch Kapitel 1.

176 Nein ist ein ganzer Satz

NEIN. Ein „Nein" setzt eine Grenze. Es kann dich schützen und macht deinem Gegenüber klar, dass du nicht zur Verfügung stehst. „Nein" ist grundsätzlich erstmal ein neutrales Wort – weder positiv noch negativ. Die Bewertung des „Nein" ist allerdings meistens alles andere als neutral. Es besteht die Gefahr, dass sich dein Gegenüber als Empfänger des „Nein" abgelehnt fühlt und im schlimmsten Fall die Beziehung in Frage stellt – egal ob Kolleg:in, Nachbar:in, Freund:in oder in deiner Partnerschaft.

177 Rechtfertigung ist nicht nötig

Ist dir schon mal aufgefallen, dass du oft dazu neigst, ein „Nein" direkt zu begründen oder zu rechtfertigen? Manchmal überlegst du dir vielleicht sogar irgendwelche Ausreden, warum du dieses oder jenes nicht machen möchtest, und du redest dich um Kopf und Kragen. Obwohl ein gut überlegtes „Nein" eigentlich keine Erklärung braucht. Hier kommen zwei Beispiele:

178 Ein „Nein" für mich ist kein „Nein" gegen dich

Eine Klientin von mir hat Schwierigkeiten damit, „Nein" zu sagen – egal ob sie von ihrer Nachbarin gebeten wird, im Garten zu helfen, oder ob eine Freundin sie fragt, ob sie gemeinsam in das blau-gelbe Möbelhaus fahren wollen. Oft ist es ihr eigentlich zu viel, sie wünscht sich Ruhe, da sie einen anstrengenden Beruf hat und durch den Schichtdienst oft zu wenig Schlaf bekommt. Es fällt ihr jedoch schwer, für ihre Bedürfnisse einzustehen, und sie denkt sich oft Ausreden aus, warum sie nicht helfen oder mitfahren kann. Dann fühlt sie sich aber auch schlecht, denn eigentlich möchte sie nicht lügen.

Ein „Nein" in diesem Fall ist reine Selbstfürsorge und keine Ablehnung des Gegenübers. Die Frage ist also: Wie empfindet die Freundin oder die Nachbarin die Absage? Wirklich gewusst hat meine Klientin das nicht. Sie hatte nur vermutet, dass ihr Gegenüber verletzt oder enttäuscht reagieren würde. Und aus dieser Angst heraus ist sie ständig Kompromisse eingegangen.

179 Tipp: Muss ich das jetzt entscheiden?

Wenn jemand eine Bitte an dich heranträgt und du oft dazu neigst, direkt „Ja" zu sagen, obwohl du eigentlich keine Lust oder keine Zeit hast, dann habe ich einen einfachen Tipp für dich. Beim nächsten Mal erbitte dir eine Bedenkzeit, bevor du zu- oder absagst. Das gibt dir Zeit, in Ruhe darüber nachzudenken, ob du wirklich dieser Bitte nachkommen möchtest oder nicht. Außerdem verhindert es, dass du dich hinterher über deine Spontanität ärgerst.

180 Danke, dass du fragst, aber ...

Kann man eine Absage höflich und wertschätzend formulieren? Ja, das geht tatsächlich. Damit dein Gegenüber sich trotz deines „Nein" nicht abgewiesen fühlt, kannst du zum Beispiel folgende Formulierungen nutzen:

- „Danke, dass du an mich gedacht hast, aber an diesem Termin passt es mir nicht."
- „Danke, dass du mir das zutraust, aber ich habe an diesem Tag etwas anderes geplant."
- „Danke für deine Wertschätzung, aber dieses Mal möchte ich aussetzen, um mich um ... (meine Ressourcen) kümmern zu können."

181 Rechtfertigung oder Erklärung?

Eine Rechtfertigung für ein „Nein" ist bei den obigen Beispielen nicht nötig. Wenn du deinem Gegenüber aber trotzdem gerne eine Erklärung für deine Entscheidung mitteilen möchtest, dann ist es sinnvoll, so authentisch wie möglich zu bleiben. Es ist nicht nur okay, wenn du für dich einstehen möchtest, es ist sogar nötig, ab und zu deine Ressourcen aufzufüllen, bevor du anderen etwas von deiner Energie abgeben kannst.

REDEN IST MEHR ALS SILBER – WERT-VOLLE KOMMUNIKATION

Viele Aspekte gehören zur zwischenmenschlichen Kommunikation. Sprache, Betonung, Körpersprache und Mimik werden von dir gesendet, wenn du sprichst, und von dir empfangen und bewertet, wenn du zuhörst. Deine Gelassenheit hängt auch damit zusammen, was dir dein Gegenüber zu sagen hat, und vor allem auch damit, was du aus der Botschaft machst.

182 Worte können Waffen sein

Wenn dich jemand kritisiert, dir Vorwürfe macht oder dich womöglich beschimpft, ist das Gift für deine Gelassenheit. Worte können verletzend sein, Grenzen überschreiten und man kann sie nicht zurücknehmen, wenn sie einmal ausgesprochen wurden. Aber es ist nicht nur entscheidend, **WAS** gesagt wird, sondern auch **WIE** und von **WEM**. Je näher dir eine Person steht, umso intensiver ist das Gefühl, wenn du zum Beispiel beleidigt wirst.

183 Sprachpflaster

Worte können aber nicht nur verletzen, sie können auch heilsam sein. Liebevolle, aufbauende und tröstende Worte können (fast) jedes Drama ein wenig lindern und deine Gefühle wieder ins Gleichgewicht bringen, wenn deine Gelassenheit gerade aus den Fugen geraten ist.

184 Der Ton macht die Musik

Ein Satz, viele Bewertungen. Die Worte, die gesprochen werden, kannst du je nach unterschiedlicher Betonung ganz unterschiedlich bewerten. Ein Beispiel: „Du hast nicht aufgeräumt." Stell dir diesen Satz mit einer mitfühlenden Betonung vor. Danach in wütender

Stimmlage. Es ist ein riesengroßer Unterschied, wie du danach diesen Satz empfindest.

185 Vier Ohren hören mehr als eins

Nach dem Kommunikationsquadrat von Schulz von Thun empfängst du jede Nachricht mit einem anderen Ohr. Es gibt ein Appell-Ohr, ein Selbstkundgabe-Ohr, ein Sach-Ohr und ein Beziehungs-Ohr. Je nachdem, wo du deine Bewertung einer Nachricht angelegt hast, kann dich das mehr oder weniger aus deiner Gelassenheit bringen.[27]

186 Beispiel: Das offene Fenster

Stell dir vor, du bist im Büro und deine Kollegin sagt den Satz: „Das Fenster ist offen." *Was denkst du?*

187 Appell-Ohr

Wenn du auf diesem Ohr bevorzugt hörst, verstehst du diese Aussage vielleicht als Aufforderung, das Fenster zu schließen. Wenn du dazu aber gerade keine Lust hast, bist du genervt und deine Gelassenheit leidet.

188 Selbstkundgabe-Ohr

Auf diesem Ohr hörend nimmst du jetzt wahr, dass deine Kollegin dir mit diesem Satz wohl mitteilen möchte, wie es ihr damit geht. Vielleicht ist ihr kalt? Vielleicht möchte sie dir etwas anderes mitteilen, du beziehst diese Aussage allerdings nicht auf dich.

189 Sach-Ohr

Dieses Ohr hört nur die rein sachliche Botschaft. Das Fenster ist offen. Okay, das sehe ich auch. Du musst dich nicht kümmern und hinterfragst diese Aussage auch nicht.

190 Beziehungs-Ohr

Mit diesem Ohr hörst du nicht nur, dass das Fenster geöffnet ist, du hörst vielleicht auch heraus, dass deine Kollegin deine mangelnde Fürsorge in Frage stellt, weil du das Fenster nicht geschlossen hast. Dieses Ohr stellt schnell einen Bezug zu dir her und du neigst dazu, Aussagen auf dich zu beziehen. Auch hier ist deine Gelassenheit schnell in Gefahr.

191 Ich höre wohl nicht richtig

Je nachdem, in welcher Rolle du dich gerade befindest, hörst du das Gesagte mit anderen Ohren. Während du in deiner Partnerschaft vielleicht eher auf dem Appell-Ohr hörst, hörst du in deinem Beruf vielleicht eher auf dem Sach-Ohr. Das Wissen darum spielt immer dann eine Rolle, wenn es zu Konflikten kommt oder wenn du dich in einem Gespräch nicht wohl fühlst und deine Gelassenheit in Gefahr ist. Du kannst dir in diesen Momenten folgende Frage stellen: Was hat mein Gegenüber mir gesagt und auf welchem Ohr habe ich diese Botschaft verstanden? Welche Gefühle lösen die Botschaften auf diesem Ohr in mir aus?

192 Übung: Konflikt

Wenn du in einem Gespräch merkst, dass deine Gelassenheit vor sich hinschmilzt und du emotional wirst, dann ist das ein guter Zeitpunkt, dir folgende Fragen zu stellen:

- Was genau fühlst du gerade? Trauer, Wut, Angst, Enttäuschung?
- Was hat dieses Gefühl ausgelöst? Die Worte, die Betonung, die Körpersprache?
- Wie bewertest du die Situation? Beleidigend, grenzüberschreitend, rücksichtslos?
- Was brauchst du jetzt gerade? Eine Pause, eine Klärung, Sicherheit?

Diese Reflexion kann dir helfen, in schwierigen Gesprächen die Kontrolle über deine Emotionen zu behalten, da du mit diesem Wissen besser für deine Bedürfnisse im Konflikt sorgen kannst.

193 Angriff und Verteidigung

Wir kennen sie doch alle: die Kollegen, die Nachbarn oder auch Bekannte, die auf jeden Fall alles wissen. Und wenn sie etwas nicht wissen, dann wissen sie es auf jeden Fall besser. Oder sie fragen dich, ob du dir in deiner Entscheidung oder deinem Handeln auch sicher bist und ob du das auch mit dem Chef abgesprochen hast (sonst werden sie das sicherlich gerne übernehmen).

194 Ich bin kein Kind mehr

Das Ergebnis ist: Du fühlst dich kontrolliert, bevormundet oder bist sogar verunsichert und du hast vielleicht das Gefühl, dass man dich wie ein Kind behandelt. Deine Bedürfnisse nach Gerechtigkeit, Selbstwirksamkeit, Autonomie und Respekt sind alles andere als erfüllt. Das alles zehrt an deiner Gelassenheit. Deine Geduld schmilzt, deine Emotionen kochen schon hoch, wenn du das Gesicht deines entsprechenden Nachbarn, der Kollegin oder des Bekannten schon siehst. Und irgendwann erträgst du es nicht mehr. Bevor du aber wegziehst, deinen Job kündigst oder wegen einer Kleinigkeit völlig die Contenance verlierst, kommen hier wirkungsvolle Alternativen.

195 Offene Kommunikation

Sag deinem Gesprächspartner, wie du dich fühlst, und frag doch mal nach, was seine/ihre Intension für die guten „Ratschläge" ist (ungefragte Ratschläge können eben auch kleine Ohrfeigen sein).

196 Grenzen setzen

Sprich klar an, was du dir zukünftig wünschst und was du nicht mehr möchtest (ungefragtes Einmischen zum Beispiel).

197 Vorbereitet sein

Wenn du unsicher bist, kannst du dich auf das Gespräch vorbereiten, indem du dir einen Menschen deines Vertrauens suchst und in einer Art Rollenspiel übst. Was möchtest du mitteilen, in welcher Atmosphäre soll das Gespräch stattfinden und was sind deine Ziele?

198 Wissen ist Macht

Unser Gehirn fühlt sich immer dann wohl, wenn alles nach Plan läuft. Wenn du nicht weißt, was dich in bestimmten Situationen erwartet, führt das zu Unsicherheit. Das wiederum führt zu empfundenem Stress. Wie wird das Gespräch mit dem Chef? Was erwartet dich in der anstehenden Prüfung? Wie werden am neuen Arbeitsplatz die Kollegen so sein? Wir sind jeden Tag mit unsicheren Situationen konfrontiert.

199 Wie kannst du dir da sicher sein?

Wenn du dich in Bezug auf eine anstehende Situation unsicher fühlst, versuche für dich so viele offene Fragen wie möglich im Voraus zu klären. Je weniger Fragezeichen in deinem Kopf sind, umso weniger muss dein Gehirn an möglichen Lösungen herumdenken, umso gelassener kannst du sein.

200 Das geht nicht gut

Ein erschwerender Umstand entsteht zusätzlich, wenn du die anstehende Herausforderung in Gedanken bereits „negativ" erwartest. Dann rechnet dein Gehirn alle möglichen Worst-Case-Szenarien durch, um für den Notfall gerüstet zu sein (siehe auch # 106 und # 107).

201 Positiv bleiben

Erwartest du einen positiven Ausgang, werden keine Stresshormone ausgeschüttet und du gehst gelassen in die neue Situation. Vorfreude wäre für deine Gelassenheit am allerbesten, denn Glückshormone schützen vor Stress. Wenn du dich auf etwas freust, ist es schwer, sich gleichzeitig Sorgen zu machen.

DENK MAL DRÜBER NACH – GEDANKEN KONTROLLIEREN LERNEN

Dein Gehirn arbeitet 24 Stunden, die meiste Zeit davon unbewusst. Deine Gedanken können deine Gelassenheit ganz schön strapazieren, wenn du nicht gut auf sie aufpasst. Die unbewussten Gedanken kannst du nicht kontrollieren, denn sie laufen ja ab, ohne dass es dir bewusst ist.[28]

202 Kontrolle behalten

Die erste gute Nachricht ist: Du kannst lernen, deine bewussten Gedanken zu kontrollieren. Die zweite gute Nachricht ist: Du kannst deine unbewussten Gedanken zu bewussten Gedanken machen.

203 Das Gras auf der anderen Seite ist immer grüner

Wenn du dich mit anderen vergleichst, könntest du schnell auf die Idee kommen, dass es dem anderen auf irgendeiner Ebene besser geht als dir. Die Kollegen haben mehr Erfolg, die Nachbarn haben einen schöneren Rasen, deine Freundin die schöneren Haare. Deine Gelassenheit wird dadurch ziemlich ramponiert. Wenn du es schaffst, dich nicht mehr mit anderen zu vergleichen, nimmst du eine ganze Menge Druck aus deinem Leben. Dadurch kannst du viel entspannter auf die vermeintlichen Erfolge deiner Mitmenschen schauen.

204 Unter jedem Dach ein Ach

Natürlich wird es in deiner Umgebung Personen geben, die auf die eine oder andere Art einen Vorteil haben. Mach dir aber bitte bewusst: Wo Sonne ist, ist auch Schatten. Du siehst nur das, was du gerade wahrnehmen kannst. Wie es hinter der Fassade aussieht, welche Sorgen oder Probleme diese Menschen sicherlich auch haben, davon siehst du oft nichts.

205 Übung: Licht und Schatten

In einer solchen Situation kann dir eine Methode helfen, den bewussten oder unbewussten Vergleich zu stoppen. Stell dir vor, es gibt für alles, was du positiv siehst, auch etwas, das negativ ist. Je mehr „Glitzer" du bei einem anderen Menschen siehst, umso größer sind in vielen Fällen auch die Herausforderungen hinter der Fassade dieser Menschen. Das hilft dir, das Gefühl, du hättest auch gern das, was andere haben, zu relativieren.

206 Übung: Wer nicht fragt, bleibt dumm

Wenn du zum Beispiel den Rasen deines Nachbarn bewunderst, frag ihn doch mal, was er dafür getan hat. Wie oft wässert er den Rasen, welchen Dünger benutzt er usw. Wenn deine Freundin einen coolen Pulli hat, sag es ihr und frage sie, wo sie ihn gekauft hat. Je mehr du über die Umstände des „Wie" erfahren kannst, umso mehr kannst du lernen und diese Wünsche ebenfalls realisieren (siehe auch # 82).

207 Was du nicht hast, ist nur so lange interessant, bis du es bekommst

Kennst du das? Du möchtest dir unbedingt diesen einen Wunsch erfüllen: den neuen Fernseher, die große Reise, das neue Auto … Du träumst davon, du tust alles dafür. Dann ist es endlich so weit, dein neuer Besitz ist angekommen und schon nach kurzer Zeit ist es gar nicht mehr so besonders, es wird zum Alltag und du jagst bereits das nächste Objekt deiner Begierde. Das passiert immer dann, wenn deine Wünsche Ausdruck für tiefer liegende Bedürfnisse sind. Je tiefer du nachforschst, warum dir dieser Wunsch so wichtig ist, umso länger hält später auch die Freude darüber an.

208 Hab Geduld

Manchmal dauert es ziemlich lange, bis du dir einen Wunsch erfüllen kannst, und du brauchst jede Menge Geduld, die dir dann schon mal die Gelassenheit rauben kann. Bis zum nächsten Urlaub dauert es noch ein Jahr, bis du dir ein neues Auto kaufen kannst, vielleicht noch länger. Wünsche, die du lange mit dir herumträgst, haben in den meisten Fällen einen höheren Wert für dich als diejenigen, die du nach einiger Zeit als gar nicht mehr so wichtig erachtest. Die Freude darüber, wenn ein lang ersehnter Wunsch dann in Erfüllung geht, ist umso größer und hält dementsprechend auch länger an. Geduld zu haben lohnt sich also doppelt.

209 Pass auf, was du dir wünschst, es könnte in Erfüllung gehen

Manchmal berichten mir Klient:innen, sie wünschen sich sehnlichst bestimmte Dinge. Und dann, wenn der Wunsch in Erfüllung gegangen ist, ploppen plötzlich all die möglichen Nachteile auf. Ein paar Beispiele:

- Du wünschst dir eine eigene Immobilie? Du musst dich komplett allein um die Instandhaltung und alle zusätzlichen Kosten kümmern.
- Du hättest gerne einen Job, in dem du mehr Geld verdienst? Plötzlich stellst du fest, dass du auch deutlich mehr Zeit an deinem Arbeitsplatz verbringst.
- Du wünschst dir einen Hund? Ups, bei Schneeregen rausgehen ist doch nicht so gemütlich.

Damit dir das nicht passiert, ist es wichtig, deine Wünsche von innen und außen zu beleuchten, bevor du dich an die Wunscherfüllung um jeden Preis machst.

210 Übung: Was fehlt dir?

Hier kommen wieder deine Bedürfnisse ins Spiel. Frag dich an dieser Stelle: Warum hättest du auch gerne den grünen Rasen, das größere Auto, die besser bezahlte Position im Unternehmen?

1. Was würde es bedeuten, wenn du dieses Ziel erreicht hättest?
2. Was würde sich dadurch verändern?
3. Warum wärst du dann entspannter, glücklicher, gelassener?

So kommst du deinen wahren Bedürfnissen auf die Spur, die hinter diesen Wünschen stecken (siehe auch Kapitel 1 # 28 Bedürfnisse vs. Wünsche).

Gedankenkarussell - Ruhe da oben!

211 Stoppe das Gedankenkarussell

Kannst du manchmal nicht aufhören, immer und immer wieder an dieselbe Sache zu denken? Deine Gedanken drehen sich im Kreis. Selbst wenn du es schaffst, dich kurzfristig abzulenken, deine Gedanken kehren nach kurzer Zeit immer wieder zurück. Ein ungelöstes Problem, Sorgen, Ärger, Wut oder Dinge, die du auf keinen Fall vergessen darfst (endlose To-do-Listen), bringen dich buchstäblich um den Verstand. An Gelassenheit ist dabei nicht mehr zu denken.

212 Keine Lösung in Sicht

Das Blöde daran ist Folgendes: Wenn deine Gedanken erstmal in diesem Strudel gefangen sind, ist es nicht immer so einfach, überhaupt noch eine Lösung zu finden. Denn dein Verstand ist jetzt so mit dem Problem beschäftigt, dass für eine kreative Lösung keine Kapazitäten mehr frei zu sein scheinen. Wenn du also keinen klaren Gedanken fassen kannst, kommst du der Lösung auch nicht näher. Besonders belastend kann das Gedankenkarussell sein, wenn du einschlafen möchtest oder dich auf wirkliche wichtige Sachen konzentrieren musst.

213 Wer schreibt, der bleibt

Alles, was du aufschreibst, musst du dir nicht merken. Du kannst deinen Kopf austricksen, indem du dir zum Beispiel einen Zettel und einen Stift ans Bett legst. Alles, was dich nicht loslassen will, schreibst du dir in Stichworten auf. Dein Gehirn weiß dann, dass es dort geschrieben steht, und kann sich etwas entspannen. So kannst du auch später noch auf deine Notizen schauen und dich in der Zwischenzeit auf die wirklich wichtigen Dinge konzentrieren, wie zum Beispiel Schlaf.

214 Übung 1. Schritt: Breathe in, breathe out, repeat

Wenn du schon einmal versucht hast, dich ausschließlich auf deine Atmung zu konzentrieren, weißt du vielleicht schon, dass das gar nicht so einfach ist, wie es klingt. Es ist aber auf jeden Fall einen Versuch wert und mit etwas Übung wird es dir schnell immer leichter fallen.

Dein Gehirn kann immer nur eine Sache zur selben Zeit denken. Wenn du dich also auf deinen Atem fokussierst, haben Sorgen und Probleme automatisch Pause.

Für diese Übung setzt oder legst du dich am besten bequem und in einer ruhigen Umgebung hin. Jetzt atmest du ein paarmal tief ein und aus. Versuche, deine Schultern zu entspannen, dann dein Gesicht und mit jedem Atemzug einen weiteren Teil deines Körpers. Wenn du dich entspannt fühlst, beginnst du mit folgender Atemübung:

215 Übung 2. Schritt: 2-1-3-Atemübung

Du atmest durch die Nase ein und konzentrierst dich nur darauf, zu spüren, wie die Luft durch deine Nase in deine Lungen strömt, zähle dabei gedanklich bis 2.

Halte die Luft für 1 Sekunde an und dann atmest du durch den Mund wieder aus und zählst dabei bis 3.

Das wiederholst du so lange, bis du eine Entspannung in deiner Gedankenwelt feststellst.

216 Tipp: Gedankenwolken

Wenn du noch nicht so viel Erfahrung mit dieser Art Übung hast, kann es passieren, dass sich deine Gedanken immer wieder in deine Atemübung drängen. Sie schweifen ab und du erwischst dich wieder in deinem Gedankenkarussell und nicht mehr bei deiner Atmung. Das ist ganz normal. Stell dir in solchen Momenten vor, deine Gedanken wären Wolken. Du siehst sie dir an und pustest sie mit der nächsten bewussten Ausatmung einfach weiter. Jetzt kehre mit deinem Fokus immer wieder zurück zu deiner Atmung.

217 Übung: Ich sehe dich

Wenn sich deine Gedanken zu unpassenden Momenten in dein Bewusstsein schleichen und deine Gelassenheit stören, kann dir auch folgende Übung helfen: Visualisiere dir den störenden Gedanken als Besucher, der gerade zu einem unglücklichen Zeitpunkt bei dir klingelt. Teile deinem Gedanken freundlich mit:

„Ich sehe dich, aber ich habe gerade keine Zeit, mich mit dir zu beschäftigen. Ich schreibe dich auf und wenn ich Zeit habe, komme ich zu dir zurück und kümmere mich um dich. Nur nicht gerade jetzt."

Dein Gedanke fühlt sich wertgeschätzt und kann dich eine Weile in Ruhe lassen, denn du hast ihm ja versprochen, später auf ihn zurückzukommen.

218 Ablenkung willkommen

Wenn das Gedankenkarussell nicht stoppen will, greifen viele Menschen zu Hilfsmitteln, um sich abzulenken. Grundsätzlich spricht auch nichts dagegen. *Die Frage ist nur: Hilft dir diese Ablenkung wirklich oder ist es nur eine Täuschung?*

219 Bewusst-sein

Jede Ablenkung, für die du dich bewusst entschieden hast, ist in den meisten Fällen besser als die gleichen Ablenkungen, die du unbewusst einfach aus Gewohnheit machst. Wenn du zum Beispiel jeden Abend aus Gewohnheit den Fernseher anschaltest, ohne zu wissen, warum oder was genau du dir ansehen mochtest, ist das eher eine Betäubung als eine echte Ablenkung. Es werden keine Glückshormone ausgeschüttet und deine Ablenkung ist nur eine kurzfristige Tarnung.

220 Bewusst genießen

Wenn du aber nach Hause kommst, dir überlegst, was du jetzt gerne tun würdest, was dir wirklich guttun würde, und du dich dann für einen Serienmarathon oder deinen Lieblingsfilm entscheidest, kann die gleiche Beschäftigung eine echte Bereicherung sein. Du freust dich darauf, du genießt die Zeit und deine Glückshormone füllen deinen Gelassenheitstank. Das (un-)bewusste Ablenkungssystem wirkt immer gleich. Egal ob es sich um Essen, Shoppen, Alkohol oder Süßigkeiten handelt – dein Bewusstsein macht den Unterschied!

221 Übung: Lenk dich ab!

Diese Übung kann dir helfen, deine unbewussten Gewohnheiten zu bewussten Glücksmomenten umzugestalten. Stell dir dazu folgende Fragen:

- Was tust du, um „runterzukommen"?
- Was genau entspannt dich daran?
- Wie kannst du deine Gewohnheiten noch bewusster genießen?
- Was möchtest du Neues ausprobieren, um dich zu entspannen?
- Was verändert sich für dich, wenn du darüber nachdenkst?

BALANCEAKT – FINDE DEIN GLEICHGEWICHT

Wir Menschen sind Teil der Natur. Alles in der Natur strebt nach Homöostase, Gleichgewicht und Balance. Tag und Nacht, Ebbe und Flut, Sommer und Winter, Schlaf- und Wachrhythmus usw. Als Mensch bist du aber auch ein Individuum. Du bist einzigartig in deinem Sein. Also hast du auch deinen eigenen Rhythmus und deine eigene Balance.

222 Übung: Find your own Balance

Immer wenn deine Gelassenheit in Gefahr ist, könnte es auch daran liegen, dass dein Leben gerade nicht in der richtigen Balance ist. Folgende Fragen können dir helfen, dein eigenes Gleichgewicht zu analysieren. Wenn du dir noch mehr Gedanken zu diesem Thema machen möchtest, schau auch noch mal im ersten Kapitel zum Thema Bedürfnisse und Werte, ob du dort noch Anregungen für deine Balance im Leben findest.

- Wie viele Stunden Schlaf brauchst du, um dich ausgeruht zu fühlen?
- Wie viel Bewegung am Tag, in der Woche tut dir gut?
- Wie viel Ruhe bzw. Zeit für dich brauchst du am Tag/in der Woche?
- Wie viele Gespräche, wie viel Austausch/Gesellschaft sind gut für dich?
- Bist du eher ein Morgen- oder Abendmensch?

Wenn du weißt, wodurch deine individuelle Balance aus dem Gleichgewicht geraten ist, kannst du entsprechend aktiv gegensteuern, um deine Ressourcen wieder zu füllen.

 # 223 Stürmische Zeiten

Es gibt immer wieder Zeiten in deinem Leben, da ist sehr viel los. An Gelassenheit ist vor lauter Aufgaben und Herausforderungen kaum zu denken. Während ich dieses Buch geschrieben habe, sind viele andere Projekte etwas auf der Strecke geblieben und meine Stapel auf dem Schreibtisch sind kontinuierlich von Hügeln zu Bergen herangewachsen. Noch dazu war mein Auto plötzlich nicht mehr zuverlässig und ich musste mich dringend und unaufschiebbar um eine Alternative kümmern. Ganz nebenbei „das bisschen Haushalt", die Kinder und der ganz normale Wahnsinn im Alltag (siehe auch Kapitel 4). Alles kein Problem, oder? In solchen Phasen kann dir folgende Übung helfen:

 # 224 Übung: Mini-Balance

Für jede Herausforderung, an der du gerade erfolgreich gearbeitet hast, gönnst du dir für die Balance eine Mini-Auszeit. Du darfst dich nicht nur entspannen, wenn ein Problem komplett gelöst ist, sondern auch, wenn du bereits einen Teilerfolg erzielt hast, zum Beispiel nach einem erfolgreichen Telefonat, einem neuen Impuls oder einem Tag, der dich weitergebracht hat. Diese Mini-Auszeiten können eine Tasse Tee sein, eine Podcast-Folge, ein Mittagsschlaf oder auch ein Spaziergang.

225 Übung: Drahtseilakt

Im ersten Schritt erstellst du dir eine Liste deiner „To-dos" für einen Tag:

1. Blumen gießen
2. Wäsche abhängen und zusammenlegen
3. Aufräumen
4. Einkaufen und Einkauf verstauen
5. Post wegbringen
6. Arzttermin wahrnehmen
7. ...

226 Erfüllte Pausen

Im zweiten Schritt überlegst du dir vorher, wann du zwischen deinen „To-dos" eine Pause einplanen kannst und wie du diese gerne füllen möchtest, um deine Ressourcen zu stärken:

1. Blumen gießen
2. Wäsche abhängen und zusammenlegen
3. Pause – Zeit für einen Kaffee
4. Aufräumen
5. Einkaufen und Einkauf verstauen
6. Pause – Zeit für ein Telefonat mit einer Freundin
7. Post wegbringen
8. Arzttermin wahrnehmen
9. Pause – in Ruhe etwas essen
10. ....

So sorgst du schon vorab dafür, dass dir zwischendurch genug Zeit zum Durchschnaufen bleibt, und du kannst ganz gelassen durch den Tag gehen.

RESILIENZ – AM ENDE IST ALLES GUT

Als Resilienz bezeichnet man die innere Widerstandskraft eines Menschen, die innere Stärke, die dich an Herausforderungen wachsen und nicht zerbrechen lässt. Einige Menschen haben von Natur aus eine höhere Resilienz, anderen Menschen fällt es schwer, sich aus schwierigen Situationen und negativem Denken zu befreien. Es gibt mehrere Definitionen von Resilienz und auch verschiedene Resilienz-Modelle.[29] In diesem Kapitel stelle ich dir einige, aus meiner Sicht, wichtige Säulen der Resilienz vor und einige wirksame Übungen, mit denen du Resilienz trainieren kannst.[30]

227 Optimismus – es kann nur besser werden …

Die erste Säule der Resilienz ist das Wissen darum, dass es gemäß dem Konzept der Polaritäten nicht immer nur bergab gehen kann. So wie der Nacht der Tag folgt und Ebbe und Flut aufeinander folgen, so hat jedes Leben seine Höhen und Tiefen. Das ist normal und auch gut so. Der Mensch strebt zwar ständig nach Glück, aber wenn du die kleinen Rückschläge nicht hättest, könntest du die guten Momente und deine Erfolge nicht mehr wertschätzen. Immer nur glücklich sein zu wollen kann auch genau das Gegenteil bewirken. Du setzt dich so sehr unter Druck, nichts Negatives fühlen zu wollen, dass dich das am Ende verzweifeln lässt und du erst recht unglücklich bist – denn Druck erzeugt Gegendruck. Vertraue darauf. Auf jeden Regen folgt auch Sonnenschein!

228 Übung: Verbesserungen erkennen

Deine Waschmaschine hat gerade das Zeitliche gesegnet und ist einfach ohne Vorankündigung kaputtgegangen. Du hast weder Lust noch Zeit, dich darum zu kümmern, aber ohne Waschmaschine geht es eben auch nicht. Du kannst jammern und dich ärgern oder du bleibst optimistisch und freust dich auf eine neue Waschmaschine, die vermutlich weniger Strom verbraucht und bessere Programme hat. *Fallen dir noch mehr Beispiele aus deinem Leben ein, bei denen du eine optimistische Haltung üben kannst?*

- Ein kaputtes Auto?
- Ein geplatzter Urlaub?
- ...

229 Lösungsorientierte Ziele – Schritt für Schritt zur Lösung

Wenn du gerade in einer Situation steckst, die dir nicht guttut, kannst du dir überlegen, was eine Lösung sein könnte, um deine Situation nachhaltig zu verbessern. Konzentriere dich dabei auf dich, auf das, was du verändern kannst, und nicht auf die anderen Menschen, die zu deiner momentanen Lage beigetragen haben. Rachepläne oder ein Lotterielos können dir vielleicht als eine gute Idee erscheinen, die Chance, dass das deine Lage wirklich verbessert, ist aber eher gering.

230 Übung: Schritt für Schritt

Welche Mini-Schritte in Richtung Lösung fallen dir ein? Angenommen, du brauchst eine neue Wohnung, weil deine alte Wohnung zu feucht ist. Ein erster Schritt wäre, eine Suchoption mit deinen Wünschen auf den Online-Immobilienplattformen zu hinterlassen. Der zweite Schritt wäre, eine eigene Suchanzeige in einer Zeitung aufzugeben. Ein dritter Schritt wäre, dein Social Media Life miteinzubeziehen und dein Netzwerk um Hilfe zu bitten. Jeder einzelne dieser Schritte kann dir helfen, dein Ziel nach und nach in kleine Unterziele einzuteilen und dich so der Lösung zu nähern. *Welche Mini-Schritte kannst du heute unternehmen, um eine deiner Herausforderungen anzugehen?*

231 Verantwortung übernehmen – Welchen Anteil hast du an deiner Situation?

Es ist natürlich viel leichter, den „anderen" oder den „Umständen" die Schuld an deinem Problem zu geben. Wir alle neigen häufig dazu, uns schön entspannt aus der Affäre zu ziehen. Aber das wird dir nicht weiterhelfen. Wenn du etwas aus der Situation lernen möchtest, ist es besser, wenn du dich fragst: „Was habe ich dazu beigetragen?", „Was hätte ich anders machen können?". Damit bist du der Lösung meistens automatisch schon einen Schritt näher, denn dann erkennst du mögliche Lösungsansätze viel leichter. Außerdem gibt dir diese Haltung gleich noch ein Gefühl von Selbstwirksamkeit.

232 Positive Zukunftsplanung – Worauf freust du dich, wenn die Krise vorüber ist?

Wenn du auch nur einen kleinen Hoffnungsschimmer einer Verbesserung am Horizont siehst, dann versuch doch mal, dir vorzustellen, was danach alles besser ist. Worauf freust du dich nach der Herausforderung? Viele Klient:innen haben mir während der Lockdowns erzählt, worauf sie sich in der Zeit „danach" am meisten gefreut haben: Menschen zu treffen, Konzerte zu besuchen, in den Urlaub zu fahren und vieles mehr. Da Vorfreude bekanntlich die schönste Freude ist, kann dir diese Aussicht sehr viel Kraft spenden.

233 Übung: Pläne machen glücklich

Gerade in Zeiten, wo Besserung noch nicht konkret absehbar ist, können dir positive Pläne helfen, dich auf etwas zu freuen. Überleg dir, welchen Umstand du in deinem Leben gerade nicht so gut findest und worauf du dich freuen kannst, wenn es vorbei ist. Zum Beispiel:

- Du bist gerade krank – was machst du als Erstes, wenn es dir wieder besser geht? Sport, Freunde treffen, essen gehen?
- Du bist genervt von deinen Kolleg:innen, die ständig um Rat fragen oder etwas von dir möchten, so dass du kaum dazu kommst, dich eine Minute in Ruhe auf eine Sache zu konzentrieren. Worauf freust du dich, wenn du heute zu Hause

bist und ein wenig Ruhe hast? Musik hören, ein Buch lesen oder kochen, ohne dass irgendjemand etwas von dir erwartet?

- Es ist gerade Winter und du sehnst dich nach Sommer? Fang an, deinen Urlaub zu planen: Surfen, Wandern, Strandurlaub?
- ...

234 Enge Bindungen – geteiltes Leid ist halbes Leid

Menschen sind soziale Wesen. Wir brauchen Freunde, Familie und Gesellschaft, um psychisch langfristig gesund zu bleiben. Wenn du in einer schwierigen Lage bist, kann es dir helfen, darüber zu sprechen und dich auszutauschen. Vielleicht weiß deine beste Freundin, dein Kumpel oder dein/e Partner/in ja einen Lösungsansatz, der dir noch gar nicht eingefallen ist. Bei Trost und Berührungen schüttet dein Gehirn außerdem das Glückshormon Oxytocin aus, das dir hilft, dich verbunden und geborgen zu fühlen. Wenn du dich nicht mehr alleine fühlst, kommt deine Gelassenheit auch schneller wieder zurück (siehe auch # 267).

235 Übung: Liebe Menschen

In dieser Übung geht es darum, dass du dir vor der nächsten Krise schon mal überlegst, wen du anrufen oder besuchen könntest, wenn du Trost oder Unterstützung brauchst. Erstelle im ersten Schritt eine Liste dieser Personen und im zweiten Schritt sprichst du mit ihnen. Frag sie, ob sie dein Notanker sein möchten. So kannst du ganz gelassen in die nächste Krise rutschen: Du weißt jetzt immer, wen du um Hilfe bitten kannst.

236 Opferrolle verlassen – Warum immer ich?

Fragst du dich manchmal, warum die wirklich blöden Dinge immer in deinem Leben passieren und nie bei den anderen? Die gute Nachricht ist: Das stimmt so nicht. Es ist deine Wahrnehmung und deine Bewertung, die es dir so erscheinen lassen, als ginge es nur dir schlecht. Wenn du in dieser Opferrolle bleibst, kannst du auch nichts verändern. Nur wenn du die (Eigen-)Verantwortung annimmst, kannst du auch etwas bewirken.

237 Übung: Nicht mit mir

Dir ist schon wieder etwas Blödes passiert und jetzt haderst du mit deinem Schicksal? Überleg dir 3 konkrete Beispiele, wann es dir in der letzten Zeit so ergangen ist.

Beispiel:

- Die Waschmaschine ist kaputtgegangen.
- Der Zug hatte schon wieder Verspätung.
- Du bist im Regen nass geworden.

Jetzt stell dir folgende Fragen:

- Hat es wirklich nur dich getroffen?
- War es vorher absehbar?
- Was kannst du daraus lernen?
- Was ist das Gute daran?

Diese Übung passt auch zu Kapitel 4 # 319 Kleine Katastrophen.

238 Akzeptanz – Es ist, wie es ist, mach das Beste daraus!

„Seufz, früher war alles besser. Ich möchte die gute alte Zeit zurück!" Sicher kennst du dieses Gefühl auch. Es ist normal, dass du Veränderungen, die sich nicht gut anfühlen, lieber nicht akzeptieren möchtest und dem alten Zustand noch eine Weile nachtrauerst (siehe auch Kapitel 1 Trauer). Dies ist ein wichtiger Prozess, um Verluste zu verarbeiten. Nur kommst du in dieser Phase nicht vorwärts. Erst wenn du das neue „IST" angenommen und akzeptiert hast, kannst du nach vorne schauen und nach Lösungen suchen.

239 Übung: Akzeptiere, was ist

Der Mensch ist mit das anpassungsfähigste Lebewesen auf diesem Planeten. Wir können in großer Kälte und Hitze überleben, durch Anpassung an die Umgebung. Viele Menschen wechseln den Wohnort, den Beruf und den Partner quer um den Erdball und passen sich ständig an.

Deine Aufgabe für diese Übung ist es, dir eine Liste dazu zu erstellen, wann du dich in den letzten Jahren erfolgreich angepasst hast, auch wenn du durch eine neue Situation erstmal aus der Gelassenheitsbahn geworfen wurdest.[31] Diese Liste kannst du dir bei neuen, herausfordernden Veränderungen zur Seite nehmen. Schau, wie viele Dinge du geschafft hast.

Beispiele:

- Ein neuer Job
- Eine neue Wohnung
- Neue Nachbarn
- Geburt deines Kindes
- Trennung von deinem Partner

240 Resilienz ist ein Kreislauf

Vielleicht ist dir beim Lesen der letzten Zeilen schon aufgefallen, dass die einzelnen Punkte zum Thema Resilienz ineinandergreifen. Um eine stabile Resilienz zu entwickeln, müssen nicht alle Säulen gleichzeitig vorhanden sein. Manchmal reicht schon eine oder zwei Säulen, um deine innere Einstellung zu verändern und dir ein Stück Gelassenheit zurückzugeben.[32]

241 Krise bedeutet Veränderung

In unserer Gesellschaft ist das Wort „Krise" eher negativ belastet. Im Ursprung des Wortlautes hatte „Krisis" eine Bedeutung, die die Chance zur Veränderung beinhaltete (Krisis = Entscheidung, entscheidender Wendepunkt).[33] Das Leben weist dich also darauf hin, dass an diesem Punkt oder in einem bestimmten Lebensbereich gerade eine Veränderung ansteht. Und in jeder Veränderung steckt immer auch die Chance zur Verbesserung (siehe auch # 98).

242 Übung: Zeitstrahl

Um gelassener mit zukünftigen Krisen umzugehen, kann es helfen, dir einmal anzuschauen, wie viele Herausforderungen du in deinem bisherigen Leben schon gemeistert hast. Male dir dazu einen Zeitstrahl auf, von deiner Geburt bis heute.

1. Als ersten Schritt markierst du dir auf diesem Zeitstrahl in Rot die großen und kleinen Krisen, die dich geprägt haben.
2. Im zweiten Schritt markierst du die anderen Abschnitte deines Lebens, die nicht von Krisen geprägt waren, mit Grün.
3. Im dritten Schritt überlegst du dir, aus welchen Krisen du gestärkt hervorgegangen bist und was du dazu beigetragen hast.

Am Ende wirst du nicht nur erkennen, wie viel Kraft in dir steckt, sondern auch, dass die guten Tage die schlechten um ein Vielfaches übersteigen. Diese Übung soll dich daran erinnern: Du hast schon viele Krisen gemeistert und sie gehen vorüber!

EMPATHIE – ICH WEISS, WIE DU DICH FÜHLST

„Empathie ist die Bereitschaft und Fähigkeit, sich in die Einstellungen anderer Menschen einzufühlen."[34] Es gibt Menschen, denen fällt es etwas leichter, sich in andere Menschen hineinzuversetzen, anderen fällt es sehr schwer, das Fühlen und Handeln des Gegenübers nachzuvollziehen. In diesem Kapitel verrate ich dir, was das mit deiner Gelassenheit zu tun hat und wie Empathie dir helfen kann, Gelassenheit zu lernen.

243 Ich sehe was, was du nicht siehst

Im ersten Teil des Buches hast du gelesen, dass jeder Mensch in seinem Leben eine unterschiedliche Prägung durch seine Erziehung, seine Bezugspersonen und seine Erfahrungen erhalten hat. Aufgrund dieser Prägung hast du deinen Charakter gebildet, deine Bedürfnisse und dein Wertesystem entwickelt. Es ist daher auch nicht verwunderlich, dass viele Menschen unterschiedliche Wahrnehmungen in Bezug auf dieselbe Situation haben. Denn bei der Beschreibung einer Situation oder eines Zustandes fließen deine Bewertung und deine subjektiven Wahrnehmungen immer mit ein.

244 Die Wahrheit liegt im Auge des Betrachters

Wenn du deine innere Haltung dahingehend beeinflussen kannst, dass du davon ausgehst, dass es kein „richtig" oder „falsch" in der Bewertung einer Situation gibt, sondern nur ein „anders", dann werden Aussagen plötzlich nicht mehr so persönlich und andere Meinungen nicht mehr so schwierig für dich.

245 Nicht ärgern, nur wundern

Du bist automatisch viel gelassener, wenn du dich über die Handlungen und Einstellungen der Menschen in deiner Umgebung nicht mehr ärgerst, sondern dich stattdessen neugierig darüber wunderst, warum derjenige dieses oder jenes anders macht, als du es dir wünschen würdest. An dieser Stelle habe ich einen wertvollen Buchtipp für dich! Siehe auch Kapitel 4 # 321.

246 Buchtipp: „Durch Begegnungen wachsen" von Kay Pollak

Dies ist eines meiner Lieblingsbücher, das mir eine neue Perspektive auf die zwischenmenschlichen Begegnungen geschenkt hat. Kay Pollak spricht in seinem Buch darüber, dass wir von jeder Begegnung mit Menschen lernen können. Entweder bereichern sie uns um neue Blickwinkel, oder wir lernen in diesen Kontakten viel über uns, unsere Einstellung und unsere Trigger. Das Buch ist relativ dünn, verständlich und leicht geschrieben. Die perfekte Lektüre für ein verregnetes Wochenende.

247 Verstanden heißt noch lange nicht einverstanden

Es geht nicht darum, dass du mit der Meinung, Haltung oder dem Verhalten deines Gegenübers in einem Konflikt oder in einem Gespräch übereinstimmst. Wenn du es aber schaffst, dich zu fragen, warum dein Gegenüber so denkt, fühlt oder handelt, wie es gerade der Fall ist, kannst du viel schneller Verständnis entwickeln und vielleicht sogar einen Perspektivwechsel erreichen. Das hilft dir, gelassener auf einen Menschen oder eine Situation zuzugehen, die dir sonst im schlimmsten Fall sogar Angst gemacht hätte.

248 Wie du mir, so ich dir

Empathie und die Fähigkeit zum Perspektivwechsel helfen nicht nur dir, aktiv gelassener zu werden. Wenn dein Gegenüber Interesse an seiner Position spürt, wird derjenige auch offener für deine Argumente sein. Und wenn dein Gegenüber dann ebenfalls Empathie besitzt, dann wirst du wiederum auch gelassener, weil auch deine Argumente gehört und ernst genommen werden (siehe auch Kapitel 2 Reden ist mehr als Silber – wert-volle Kommunikation).

BODYTALK – WIE DU DEINEM KÖRPER GUTES TUN KANNST

Im ersten Teil des Buches habe ich bereits von den Grundbedürfnissen des Menschen geschrieben. Jetzt möchte ich dir erklären, wie du deinem Körper Gutes tun kannst und warum das für deine Gelassenheit wichtig ist.

249 Du bist, was du isst

Dein Organismus braucht Energie zum Leben. Diese Energie nimmst du in Form von Nahrungsmitteln zu dir, die dein Körper in komplizierten Stoffwechselvorgängen verarbeitet und jeder einzelnen Körperzelle bei Bedarf zur Verfügung stellt. Je nachdem, wie gut oder schlecht dein Körper mit gesunden Nährstoffen versorgt ist, kann dein Organismus auch deine Nervenzellen versorgen. Daher kommen hier ein paar essenzielle Infos und Tipps zum Thema Ernährung.

250 Nervenfutter

Einige Nährstoffe und Mineralien sind für ein gutes „Nervenkostüm", somit auch für deine Gelassenheit und deine Energie besonders wichtig, wie zum Beispiel die Gruppe der B-Vitamine, Zink, Eisen, Vitamin D, Vitamin C, Magnesium, Kalzium und Kalium und essenzielle Fettsäuren. Diese Fettsäuren sind für deinen Organismus unverzichtbar, er kann sie allerdings nicht allein herstellen, daher musst du sie ihm von außen über die Nahrung zuführen.

251 B-Vitamine

Diese Gruppe der Vitamine hat unter anderem eine wichtige Schutz- und Nahrungsfunktion für deine Nervenzellen. Sie sind für ein gutes Nervenkostüm also unerlässlich. Sie halten deinen Energiestoffwechsel in Gang und sorgen für eine schnelle Reizweiterleitung zwischen deinen Zellen.

252 Mineralstoffe

Kalzium, Kalium, Magnesium, Zink und Co. sorgen für schnelle und gesunde Reflexe, schützen dein Immunsystem und deine Zellen vor den freien Radikalen.

253 Eisen

Eisen brauchst du zur Bildung deiner roten Blutkörperchen, die den Sauerstoff durch deinen Körper transportieren. Ein Eisenmangel macht dich müde und schlapp, deine Konzentration und deine Gelassenheit leiden ebenfalls ziemlich schnell.

254 Tryptophan

Dieser Stoff wird zur Bildung des „Glückshormons" Serotonin benötigt und ist damit ebenfalls wichtig für deine Gelassenheit.

255 In diesen Nahrungsmitteln kannst du diese wertvollen Stoffe unter anderem finden

Nüsse:

Nüsse und Samen sind nicht nur lecker, sondern auch ideal als leichter Snack für zwischendurch. Du kannst sie in jedem Supermarkt kaufen und sie sind leicht zu transportieren. So kannst du sie immer und überall dabeihaben: im Bus, Zug und Flugzeug, im Schwimmbad, Kino oder Auto. Sie machen schnell satt und sind sehr viel gesünder als zum Beispiel Schokoriegel. Im Grunde sind alle Sorten von Nüssen gesund und ein echtes Superfood! Sie enthalten unter anderem viele B-Vitamine, essenzielle Fettsäuren, Kalzium und Kalium.[35]

Kaltgepresste Pflanzenöle:

Olivenöl, Mandelöl oder Nussöl – die Auswahl an nativen Ölen ist mittlerweile groß. Du kannst sie für Salate, Desserts und auch für die Herstellung von Dips ideal verwenden. Sie liefern dir wertvolle essenzielle Fette, die dein Organismus zum Zellschutz braucht. Sie dürfen nur nicht zu heiß werden, da große Hitze die wertvollen Inhaltsstoffe zerstören kann.

Grünes Gemüse:

Spinat, Brokkoli und Co. liefern dir wertvolle B-Vitamine, Vitamin C und zusätzlich Mineralstoffe wie Kalzium, Kalium, Magnesium und auch Eisen.

Bananen:

Die gelbe Wunderwaffe für zwischendurch. Sie bringt ihre eigene Verpackung schon mit und ist reich an B-Vitaminen, Kalium und Tryptophan. Außerdem enthält sie Fruchtzucker, der dir schnelle Energie liefert, wenn du sie brauchst.

Kakao:

Natürlicher Kakao ist bitter und wurde bei den Urvölkern Südamerikas als Heilmittel eingesetzt. Er enthält neben Tryptophan auch noch Flavoide, die dich vor Herz-Kreislauf-Erkrankungen schützen können. Du solltest trotzdem nicht ausschließlich auf Schoki zurückgreifen, denn Schokolade enthält neben dem wertvollen Kakao auch reichlich Industriezucker, der nicht gesund ist.

Haferflocken:
Sie halten dich lange satt, sind sehr vielfältig einsetzbar und noch dazu supergesund. Haferflocken enthalten B-Vitamine, Eisen und ebenfalls Tryptophan.

Hülsenfrüchte:
Hülsenfrüchte wie zum Beispiel Linsen, Kichererbsen und Co. enthalten neben Kalium, Magnesium, Eisen und Zink auch noch wertvolle B-Vitamine. Damit sind auch sie ein Gelassenheits-Superfood.[36]

256 Alles in Maßen

Jedes Lebensmittel für sich allein ist zwar sehr wertvoll, am Ende sorgt aber die Mischung dafür, dass deine Zellen ausreichend gut versorgt sind. Zu viel von etwas ist selten gut, das gilt natürlich auch für die oben beschriebenen Lebensmittel.

257 Check-up

Da auch verschiedene Organsysteme deines Körpers auf deine Gelassenheit Einfluss haben können, solltest du dich regelmäßig von einem Arzt untersuchen lassen. Erst recht, wenn du dich dauerhaft müde oder gestresst fühlst oder andere körperliche Symptome hast. Dein Arzt kann zum Beispiel deine Blutwerte überprüfen und nachsehen, ob alle Organe ihren Job machen.

Sweet Dreams - schlaf gut

Schlaf gehört zu den körperlichen und emotionalen Grundbedürfnissen des Menschen. Wir brauchen die Regeneration besonders dringend für unser Gehirn. Tatsächlich ist das Geheimnis, warum wir schlafen müssen, wissenschaftlich noch immer nicht geklärt. Wir sind im Schlaf zwar körperlich weniger aktiv, unser Gehirn arbeitet aber weiter, verarbeitet die Erlebnisse des Tages und kann sich regenerieren, ohne zu viele neue Eindrücke von außen zu bekommen.

258 Wie viel ist genug?

Wie viel Schlaf du brauchst, ist von mehreren Umständen abhängig. Unter anderem davon, wie körperlich und geistig aktiv du am Tag bist, wie viele Nährstoffe du zu dir nimmst, wie die Lichtverhältnisse sind, wie die Außentemperatur ist und wie viel Stress du hast. Schließlich ist das Schlafbedürfnis zusätzlich auch noch von Mensch zu Mensch ganz individuell, so wie deine Figur, deine Haarfarbe und deine Vorlieben.[37]

259 Müdigkeit als Symptom

Ausreichend Schlaf stärkt dein Immunsystem, baut Stresshormone ab und hat auch Einfluss auf deine Psyche. Patienten mit zu wenig Schlaf erkranken häufiger an Depressionen. Wenn du zu wenig Schlaf bekommst, führt das über kurz oder lang zu einer Schwächung deiner Ressourcen.[38]

260 Schlafmangel macht krank

Kurzfristig ist unser Körper in der Lage, Schlafmangel auszugleichen, indem er zum Beispiel das Stresshormon Adrenalin ausschüttet (siehe auch # 268).

Längerfristiger Schlafmangel führt allerdings schnell dazu, dass du emotionaler auf herausfordernde Situationen reagierst. Momente, die dich in einem ausgeschlafenen Zustand nicht nerven würden, werden plötzlich zum Problem. Du reagierst auf die kleinsten Kleinigkeiten genervt, gereizt, mit Tränen oder Rückzug, bist empfindlich und dünnhäutig. Außerdem schwächt Schlafmangel auf die Dauer dein Immunsystem und auch dein Herz-Kreislauf-System durch die ständig hohe Konzentration an Stresshormonen in deinem Blut.[39]

261 Schlafmütze

Um deinen individuellen Schlafbedarf herauszufinden, stell dir folgende Fragen: Mit wie viel Schlaf pro Nacht fühlst du dich am wohlsten? Was kannst du zukünftig tun, um deine tatsächliche Schlafdauer deinem Schlafbedürfnis anzupassen?

262 Nice to know
Du kannst Schlaf zwar bis zu einem gewissen Grad nachholen, aber leider nicht vor der nächsten Party im Voraus schlafen.

263 Schlafzutaten
Kannst du öfter schlecht ein- oder durchschlafen? Die Voraussetzungen für guten Schlaf sind sehr individuell. Viele Faktoren können dabei eine Rolle spielen. Manche Menschen haben einen sehr leichten Schlaf und schlafen am besten, wenn es dunkel und still ist. Bestimmte Geräusche, die nicht gleichmäßig sind, wecken dich schneller auf als gleichmäßige und gewohnte Geräusche wie zum Beispiel Wellenrauschen. Die Singvögel in meinem Garten und ich sind um 5 Uhr morgens noch keine Freunde. Meine Familie liebt dieses Geräusch aber sehr und schläft dann ganz beruhigt weiter.

Wenn du weißt, was du für einen guten, erholsamen Schlaf brauchst, kannst du darauf Rücksicht nehmen und so deinen Schlaf verbessern.

264 Übung: Schlafhygiene
Hier kommen ein paar Faktoren, über die du für deinen guten Schlaf nachdenken kannst.

- Hell oder dunkel?
- Stille oder Geräusche?
- Raumtemperatur eher warm oder kalt?
- Decke, Kissen und Matratze okay?
- Fenster geöffnet oder geschlossen?
- Zu viel oder zu wenig gegessen und getrunken?
- Genug Zeit, um vorm Schlafen zur Ruhe zu kommen?
- Medien wie Fernsehen, Social Media und Co. rechtzeitig ausgeschaltet (im Durchschnitt ca. 30 Minuten vorm Schlafen)?

265 Rythm of the Night

Dein Schlaf verläuft in verschiedenen Phasen. Es gibt in jeder Nacht die Tiefschlafphasen, in denen du sehr tief schläfst und schwer weckbar bist. Man nennt sie auch Non-REM-Phasen. Dann gibt es Phasen, in denen ist dein Körper auch nachts richtig aktiv. Du träumst, dein Herzschlag steigt und du bewegst dich. Diese Phasen heißen auch REM-Phasen (Rapid-Eye-Movement). In diesen Phasen ist dein Schlaf oberflächlicher, du verarbeitest deinen Tag und du bist leichter aufzuwecken. Die Tiefschlafphasen werden zum Morgen hin immer weniger und so kommt es, dass du manchmal durch ein kleines Geräusch viel zu früh aufwachst.[40]

266 Immer noch wach?

Wenn du Probleme beim Einschlafen hast, kann das verschiedene Gründe haben. Geht dir noch zu viel im Kopf herum? Hattest du einen zu langen Mittagsschlaf? Hast du zu spät noch aufputschende Substanzen wie Koffein zu dir genommen? Hast du zu lange vorm Fernseher noch deine Serie geschaut? Bist du gerade erst vom Sport nach Hause gekommen? Hier kommen ein paar hilfreiche Tipps zum Einschlafen:

Mittagsschlaf:
Wenn du mittags regelmäßig schläfst und abends nicht einschlafen kannst, dann solltest du deinen Mittagsschlaf reduzieren, vielleicht hast du einfach zu viel Schlaf.

Lies mal wieder:
Wenn du zu lange abends noch auf deinen Fernseher oder dein Tablet schaust, kann es sein, dass die Lichtwellen dir Tageslicht vorgaukeln und du deshalb nicht einschlafen kannst. Nimm dir in diesem Fall 30 Minuten Zeit, schalte den Fernseher aus und nutze diese Zeit, um zu meditieren, zu lesen oder einen Podcast zu hören.

Tee statt Kaffee:
Koffein in Form von Kaffee und Co. solltest du mindestens drei Stunden vor dem Schlafengehen vermeiden, wenn du Probleme beim Einschlafen hast. Trink lieber einen Kräutertee, der auch sehr belebend wirken kann, dir aber das Einschlafen nicht so schwer macht.

Zur Ruhe kommen:
Wenn du beim Sport abends nochmal richtig Gas gegeben hast, kann es sein, dass dein Körper noch so voller wachmachender Endorphine ist, dass an Schlaf kaum zu denken ist. Jetzt können dir ein warmes Bad, ein Besuch in der Sauna oder ein paar Minuten Meditation helfen, zur Ruhe zu kommen.

Liebes Tagebuch …
Wenn dir noch zu viele Gedanken durch den Kopf spuken, nimm dir Stift und Papier und schreib dir auf, was dich belastet. Durch das Schreiben beruhigen sich deine Gedanken und dein Kopf kann zur Ruhe kommen (siehe auch # 213).

Eins, zwei, drei, hopp:
Schäfchen zählen funktioniert tatsächlich. Indem du dir ein Schaf nach dem anderen vorstellst, das nacheinander über einen Zaun springt, kann dein Gehirn nichts anderes gleichzeitig denken. Deine einzige Aufgabe ist es, deine Schäfchen nicht aus dem Fokus zu verlieren. Immer wenn du dich dabei erwischst, wie du an etwas anderes denkst, fängst du einfach wieder von vorne an.

Hör mal zu:
Wenn du als Kind gerne mit einer Gute-Nacht-Geschichte eingeschlafen bist, dann kann das auch jetzt noch eine gute Option sein. Hörbücher, die nicht so spannend sind, können dir sanft ins Schlummerland verhelfen. Einfach lauschen und genießen. Es gibt auch jede Menge Einschlaf-meditationen, die du auf verschiedenen Plattformen im Internet finden und ausprobieren kannst.

Der Tanz der Hormone

Neben deinen Bedürfnissen, Werten und Emotionen gibt es noch etwas, das in Sachen Gelassenheit nicht fehlen darf – deine Hormone. Hormone sind Botenstoffe, die, einfach ausgedrückt, dem Informationsaustausch zwischen deinen Zellen dienen. Sie haben dabei oft vielfältige Aufgaben. Einige von diesen Eigenschaften wirken sich auch auf deine Gelassenheit aus. Meistens ohne dass du sie bewusst steuern kannst. Einige Hormone und deren Einfluss auf deine Gelassenheit möchte ich dir hier vorstellen:

267 Because I'm happy – deine Glückshormone

- Oxytocin
- Serotonin
- Endorphine
- Dopamin

Oxytocin – das Kuschelhormon:
Dieses Hormon mag ich besonders gerne. Es hat eine beruhigende Wirkung und sorgt dafür, dass du dich mit einer Person verbunden fühlst. Es wird unter anderem bei körperlicher Berührung ausgeschüttet. Das ist der Grund dafür, dass wir Umarmungen und Kuscheln als angenehm und tröstend empfinden. Es hilft dir, dich sicher und geborgen zu fühlen.

Serotonin – das selbstbewusste Hormon:
Dieses Hormon wird wie das Dopamin ausgeschüttet, wenn du dich glücklich fühlst. Serotonin hat viele positive Einflüsse auf dich. Es verbessert deinen Schlaf, steigert dein Selbstbewusstsein und deine Entscheidungskraft. Außerdem reguliert Serotonin auch deinen Appetit. Hast du zum Beispiel einen Mangel an Serotonin, versucht dein Körper, diesen durch Kohlehydrate wieder auszugleichen.

Endorphine – das Hormon der Extreme:
Endorphine werden immer dann ausgeschüttet, wenn du entweder in einer akuten Stresssituation steckst, wie zum Beispiel bei einem Unfall, oder wenn du extreme Glücksmomente erlebst.

Dein Körper ist durch die Ausschüttung von Endorphinen in der Lage, Schmerzen zu unterdrücken und dich in eine euphorische Stimmung zu versetzen. Deine Wahrnehmung verändert sich unter dem Einfluss von Endorphinen und du fühlst dich heiter und gelöst.

Dopamin – deine Belohnung:
Dein Körper schüttet Dopamin immer dann aus, wenn du in irgendeiner Form belohnt wirst, aber auch, wenn du dich selbst für etwas belohnst und dir etwas gönnst. Wenn du dir einen neuen Pulli kaufst, wenn du dir Zeit für deinen Sport nimmst, wenn du dir eine Pause gönnst. Jedes Mal, wenn du dir etwas Gutes tust oder wenn du deine Ziele erreicht hast, aktiviert der Körper Dopamin und du fühlst dich glücklich. Dopamin wird allerdings auch recht schnell wieder vom Körper abgebaut und dein Glücksgefühl hält leider nicht lange.

268 Stress, lass nach – klassische Stresshormone

- Adrenalin
- Noradrenalin

Adrenalin – Fight or Flight:
Adrenalin ist das Stresshormon schlechthin. Dein Körper schüttet es zum Beispiel dann aus, wenn du dich in einer extremen körperlichen oder seelischen Belastungssituation befindest. Es versetzt dich in die Lage, möglichst schnell auf deine körperlichen Reserven zugreifen zu können und zu handeln, ohne nachdenken zu müssen. Außerdem lindert es Schmerzen und kann dich motivieren, Leistungen zu erreichen, die du ohne den Adrenalinkick nicht erreicht hättest. Es steigert deinen Blutdruck, weitet deine Atemwege und deine Leistungsfähigkeit wird kurzfristig erhöht.

Wenn der Adrenalinspiegel wieder absinkt, führt das zu einer Erschöpfung und du wirst wahrscheinlich sehr müde. Dein Körper holt sich so die nötige Erholung, um deine Balance wiederherzustellen (siehe auch Kapitel 2 Balanceakt – finde dein Gleichgewicht).

Noradrenalin – Veränderung im Blick:
Noradrenalin ist ebenfalls ein Hormon, das bei Stress ausgeschüttet wird. Es hilft dir dabei, neue und unerwartete Situationen schneller zu verarbeiten und deine körperlichen Reaktionen an die überraschenden Veränderungen anzupassen. Es steigert unter anderem deine Aufmerksamkeit und erhöht ebenfalls deinen Blutdruck.

269 Meine Damen und Herren – geschlechtsspezifische Hormone

- Östrogen
- Progesteron
- Testosteron

Östrogen:

Östrogene, die vorwiegend weiblichen Geschlechtshormone, und vor allem das Östradiol sorgen bei Frauen für bessere Laune, mehr Lust auf Sex und lassen Haut und Haare strahlen. Wenn du eine Frau bist, schwankt dein Östrogenspiegel während deines Zyklus zum Teil stark und fällt vor deiner Periode ab. Darum bist du, wenn du empfindlich auf die weiblichen Hormone reagierst, vor deinen Tagen gereizter und ungeduldiger. Für diesen Einbruch in Sachen Gelassenheit kannst du natürlich nichts, es ist ein völlig natürlicher Prozess.[41] Solltest du allerdings starke Stimmungsschwankungen haben oder gar unter monatlich wiederkehrenden Depressionen leiden, frage eine Gynäkologin/einen Gynäkologen um Rat.

Progesteron:

Progesteron ist eine Art Superhormon der Gelassenheit. Auf der psychischen Ebene lässt es dich entspannter und gelassener werden, Stimmungsschwankungen nehmen ab. Ein Mangel an Progesteron kann sich in innerer Unruhe, Gereiztheit und Ängsten äußern.[42]

Testosteron:

Das vorwiegend männliche Geschlechtshormon hat, wenn du ein Mann bist, nicht nur einen Einfluss auf deine männlichen Attribute wie Körperbau, Sexualität und Bartwuchs. Es beeinflusst eben auch deine Psyche. Es fördert zum Beispiel deine Durchsetzungskraft und deine Energie. Bei einem Mangel an Testosteron kannst du dich antriebslos, niedergeschlagen und gereizt fühlen. Es kann auch zu Schlafstörungen und Nervosität kommen. Da auch Männer unter einer Schwankung der Testosteronproduktion leiden können, frag bitte deinen Arzt um Rat, wenn du das Gefühl hast, deine Hormone könnten aus dem Gleichgewicht geraten sein.[43]

270 Nice to know

Männer haben ebenfalls einen individuellen, geringen Anteil an weiblichen Sexualhormonen im Körper und Frauen haben auch einen Anteil des männlichen Testosterons im Blut. Je nachdem, wie hoch dieser Anteil ist, können diese Hormone Einfluss auf die „männliche" Seite von Frauen und die „weibliche" Seite der Männer haben.

Body, Mind and Soul - das perfekte Zusammenspiel

Körper, Geist und Seele gehören untrennbar zusammen und bedingen sich gegenseitig. Es ist nicht möglich, jede Facette des Menschen ausschließlich einzeln zu betrachten. Aus diesem Grund bin ich eine große Befürworterin der ganzheitlichen Betrachtungsansätze und der ganzheitlichen Medizin. Wenn es deinem Körper nicht gutgeht, wird langfristig auch deine Psyche darunter leiden. Wenn du zu viel Stress hast, zu viele Sorgen und Herausforderungen, wird dein Körper dir irgendwann eindeutige Signale in Form von Symptomen senden, die ihren Ursprung aber auf der psychischen Ebene haben.

„Tu deinem Leib etwas Gutes, damit deine Seele Lust hat, darin zu wohnen."

– TERESA VON ÁVILA

271 Psychosomatik

In der Humanmedizin ist der Zusammenhang zwischen Körper, Geist und Seele seit längerem ein fester Bestandteil der Überlegungen, wenn es um die Ursachenforschung von Krankheiten geht. Die Forschung hat auf diesem Gebiet noch einen langen Weg vor sich, denn noch sind in vielen Fällen die genauen Zusammenhänge nicht klar.[44] Wenn du jedoch unter Symptomen leidest, die keiner körperlichen Ursache zugeordnet werden können, solltest du dir Unterstützung von einem erfahrenen Arzt oder

Therapeuten suchen, der sich auf dem Gebiet der Psychosomatik gut auskennt.

272 Wenn der Körper Stress macht

Es gibt viele körperliche Symptome, mit denen dein Körper dir zeigt, dass du dir gerade zu viel zumutest. Hier kommen ein paar typische Beispiele aus meiner Praxis, die dir unter anderem als Hinweis dienen können, ein paar Dinge in deinem Leben zu hinterfragen: Kopfschmerzen, Schwindel, Rückenschmerzen, Nackenschmerzen, Verdauungsprobleme, Kreislaufprobleme, Schlafstörungen, Hautveränderungen, Müdigkeit, Appetitmangel, Gewichtsveränderungen, Zyklusschwankungen, Magenschmerzen.

273 Wichtig: Ärztlichen Rat suchen

All diese Symptome können ebenfalls Ausdruck einer Erkrankung sein, daher solltest du sie nicht voreilig auf deinen Stress schieben, ohne mit einem Arzt oder Heilpraktiker darüber gesprochen zu haben.

Beweg dich!

Kennst du das Gefühl, wenn du nach einer Wanderung oder einer Fitnesseinheit körperlich total erledigt, aber super happy bist? Das liegt daran, dass dein Körper schon bei kleinen Bewegungseinheiten Glückshormone ausschüttet (siehe auch # 88).

274 Hauptsache, machen

Welche Form von Bewegung du dir aussuchst, ist prinzipiell egal. Das Wichtigste ist, dass du dich regelmäßig bewegst. Dabei darf dich deine individuelle Sportart schon ein bisschen fordern, denn einen gewissen Trainingsanreiz braucht dein Organismus, um Zellen zu erneuern und einen positiven Effekt zu erreichen.

275 Sportliche Übung

Entweder denkst du mal darüber nach, welchen Sport du schon länger einmal ausprobieren wolltest, und vereinbarst gleich heute ein Probetraining oder du hast deinen Lieblingssport schon gefunden und setzt dir jetzt ein neues Ziel: ein Training mehr pro Woche, ein paar Kilometer mehr laufen, zwei Bahnen pro Training mehr schwimmen. Was möchtest du verändern, für die Extraportion Glück?

Regelmäßige Bewegung (ca. dreimal wöchentlich) trägt nicht nur wesentlich zu mehr Gelassenheit in deinem Alltag bei, sie schützt auch deinen Körper vor Krankheiten. Sport trainiert dein Herz-Kreislauf- System, schützt deine Skelett-Muskulatur, regt dein Zellwachstum an und verbessert deine Sauerstoffaufnahme.

276 Achtung

Solltest du unter körperlichen Erkrankungen oder Einschränkungen leiden, frag bitte deinen Arzt, bevor du dich in dein Training stürzt oder eine neue Sportart ausprobierst.

Home Spa

Wenn du nach dem Ursprung des Wortes „Spa" suchst, findest du zwei unterschiedliche Erklärungen. Zum einen wird der belgische Kurort Spa als Ursprung genannt, der schon seit Jahrhunderten für sein Quellwasser bekannt ist, zum anderen wird „Spa" als Abkürzung für das lateinische „Sanus per aquam" (gesund durch Wasser) genutzt.[45]

Im Allgemeinen steht der Begriff für Wellness und Entspannungseinrichtungen, in denen man meistens gut abschalten und entspannen kann. Du kannst in eine Therme fahren und dir dort einen Tag lang Me-Time gönnen. Du kannst aber auch zu Hause einen Wellness-Tag machen und dir Gutes tun.

277 Zeit

Das Wichtigste für deinen Home-Spa-Tag ist Zeit. Einen Abend oder einen halben Tag solltest du dir schon einplanen. Wenn du in eine Therme fahren würdest, bräuchtest du Zeit für die An- und Abreise. Diese Zeit kannst du gleich zusätzlich für dich zu Hause einplanen.

278 Badezimmer-Tempel

Damit du deine Me-Time richtig genießen kannst, ist auch deine Umgebung wichtig. Vielleicht stellst du dir ein paar schöne Kerzen auf, gönnst dir frische Handtücher und überlegst dir eine schöne, entspannende Playlist, denn Musik bringt dich gleich in die richtige Stimmung.

279 Übung: Spa-Date

Such in deinem Kalender nach einem passenden Zeitfenster und verabrede dich mit dir selbst zu einem Spa-Date. Dann schreibst du dir eine Liste dazu, was du für deinen Termin noch vorbereiten möchtest. Vielleicht möchtest du dir eine Gesichtsmaske kaufen oder selbst anrühren, vielleicht hast du Lust auf ein neues Badesalz oder eine neue Bodylotion? Bereite alles mit Liebe vor, und dann genieß die entspannende Wirkung von Wasser, Körperpflege und Me-Time. Solche privaten Zeiten mit dir selbst können deine Gelassenheit in großen Sprüngen nach vorne bringen und deine Ressourcen mit relativ wenig Aufwand wieder auffüllen.

NATÜRLICH ENTSPANNT – HILFE AUS DER NATUR

Seit Jahrtausenden vertrauen die Menschen auf die Kraft der Natur. Es gibt unzählige Produkte aus Heilpflanzen, wie Tees, Tabletten, Tropfen oder Dragees, die Gelassenheit versprechen. Sicherlich ist das nicht die Lösung aller Herausforderungen, aber sie können dich auf deinem Weg zur Entspannung und Gelassenheit unterstützen. Bevor du jedoch jetzt auf Shopping-Tour gehst oder in die Natur, um diese Pflanzen selbst zu sammeln, lass dich bitte vorab von einem Arzt/einer Ärztin, von einem/einer Heilpraktiker:in oder in der Apotheke beraten.

280 Gegen alles ist ein Kraut gewachsen

Die typischen Heilpflanzen für mehr Gelassenheit sind unter anderem:

- Melisse
- Johanniskraut
- Baldrian
- Lavendel

Melisse:
Melisse wirkt entspannend, beruhigend, schlaffördernd und hat außerdem auch Einfluss auf nervöse Herz- oder Darmbeschwerden sowie auf innere Unruhe.

Johanniskraut:
Johanniskraut wirkt zeitgleich beruhigend und stimmungsaufhellend. Es wird zum Beispiel bei Winterdepressionen, Schlafstörungen, Erschöpfung, Wetterfühligkeit, Wechseljahresbeschwerden oder innerer Unruhe eingesetzt.

Baldrian:
Am Tag eingenommen wirkt Baldrian beruhigend, entspannend und fördert den Abbau von Stresshormonen. Am Abend eingenommen hilft er dir schneller einzuschlafen und er fördert die Schlafqualität.

Lavendel:
Lavendel sieht nicht nur wunderschön aus, diese Pflanze riecht auch gut und wirkt über den Geruchssinn beruhigend und stressreduzierend.[47]

Kapitel 3:
SOS

SCHNELLE HILFE IM NOTFALL

Oft ist es doch so: Du nimmst dir ganz fest vor: „Heute bleibe ich gelassen." Und dann kommt der Alltag und ehe du noch darüber nachdenken kannst, reagierst du doch nicht so entspannt wie geplant und deine Gefühlsampel springt von Grün auf Gelb.

In diesem Kapitel bekommst du einige wertvolle Tipps und Übungen für einen schnellen „Gelassenheitskick", die du einfach und fast überall anwenden kannst.

DIE MACHT DER ATMUNG – BREATHE IN, BREATHE OUT, REPEAT

281 Erstmal durchatmen

Wenn du dich aufregst und deine Emotionen Achterbahn fahren, schüttet dein Körper Stresshormone aus, dein Herzschlag wird dadurch schneller und auch deine Atmung wird schneller und etwas flacher. Dein Herzschlag selbst ist Teil deines unwillkürlichen Nervensystems und du kannst ihn nicht willentlich beeinflussen. Dein Herz schlägt immer so schnell, wie dein restlicher Organismus es gerade braucht. Anders sieht es mit deiner Atmung aus. Deine Atmung funktioniert zwar auch automatisch, ohne dass du ständig daran denken musst, du kannst deine Atmung aber auch willentlich steuern und bewusst langsamer oder schneller atmen.[48]

282 Sauerstoff ist Leben

Je tiefer und langsamer du ein- und ausatmest, umso mehr Sauerstoff bekommen deine Körperzellen. Dann muss dein Herz nicht mehr so schnell schlagen und deine Herzfrequenz kann sinken. Automatisch beruhigt sich dein System wieder etwas. Manchmal reicht es also schon, den Fokus kurz auf ein paar bewusste, langsame Atemzüge (am besten an der frischen Luft) zu legen und wahrzunehmen, wie sich nach deiner Atmung auch dein Herzschlag nach und nach beruhigt. Probiere es gleich mal aus und schau, was passiert. Du kannst auch gerne die Atemübung 2-1-3 aus # 215 durchführen.

283 Am Ende ist alles gut, und wenn nicht alles gut ist, ist es nicht das Ende

Wenn du gerade ein akutes Problem hast und du jetzt gerade eine große Portion Gelassenheit „to go" wünschst, ist es sicher nicht einfach, daran zu glauben, dass irgendwann alles gut wird. Das kann ich dir auch nicht versprechen, manchmal wird mit der Zeit nicht alles in genau der Form gut, die du dir jetzt gerade wünschst. Denk aber mal an die früheren kleinen und großen „Katastrophen" in deinem Leben. Erinnere dich daran, wie es dir in diesen Momenten ging. Und jetzt denk daran, wie sich diese unangenehmen Gefühle wie Angst, Wut und Trauer nach und nach auch wieder beruhigt haben, wie du schwierige Situationen gemeistert hast und wie sich die Dinge im Leben geklärt haben. Versuche, darauf zu vertrauen, dass sich Lösungen finden werden, dass du dir selbst helfen kannst und deine jetzige Situation sich auf jeden Fall in die eine oder andere Richtung wieder verbessern wird (siehe auch Kapitel 2 Resilienz – am Ende ist alles gut ab # 227).

ACHTSAMKEIT QUICK AND EASY – EIN SCHNELLES SOS FÜR JEDE SITUATION

284 Übung: Konzentration auf eins

Diese Übung ist perfekt, wenn du dich kurzfristig gestresst oder überfordert fühlst. Ziel dieser Übung ist es, deinem Gehirn eine kurze Pause zu gönnen. Auch wenn du nicht zwei Sachen gleichzeitig denken kannst, die einzelnen Gedankenblitze jagen in Millisekunden so schnell durch dein Gehirn, dass es dir so vorkommt, als würdest du alles gleichzeitig erleben.

Für die Zeit dieser Übung darf dein Verstand sich nur auf einen Sinn konzentrieren und kann somit etwas durchschnaufen. Du brauchst kein Equipment, somit kannst du die Übung immer und überall ausprobieren und praktizieren: im Stau, in der Schlange an der Kasse, während du auf ein Meeting wartest, wenn du kochst oder im Wartezimmer beim Arzt sitzt. Je öfter du sie machst, umso schneller hilft dir diese Übung, wenn du sie am dringendsten brauchst.

1. Start – Fokus an

Konzentriere dich jetzt nacheinander auf alle fünf Sinne. Achte darauf, dich ausschließlich auf deine Wahrnehmung zu konzentrieren und das, was du siehst, hörst, fühlst, riechst und schmeckst, nicht zu analysieren oder zu bewerten. Wenn du merkst, dass deine Gedanken abschweifen, hole deinen Fokus zurück auf die Übung.

2. Augen: 5 Sachen, die du siehst

Deine Augen nehmen innerhalb kürzester Zeit sehr viele Dinge in deiner Umgebung wahr, leiten die Informationen an dein Gehirn weiter und dort werden sie verarbeitet und bewertet. Jetzt geht es darum, eben nur wahrzunehmen, ohne zu bewerten. Welche 5 Dinge siehst du gerade? Welche Farben, Gegenstände und Formen erfasst dein Auge gerade?

3. Ohren: 4 Sachen, die du hörst

Dein Gehör ist hochspezialisiert, um auch leise Geräusche aufnehmen zu können. Je stiller es in deiner Umgebung ist, umso feiner wird dein Gehör. Deine Ohren nehmen Schallwellen auf, leiten sie über den Hörnerv an dein Gehirn und dort werden sie in Geräusche umgewandelt. Welche 4 Geräusche hörst du gerade?

4. Haut: 3 Sachen, die du fühlst

Du hast Millionen kleiner Tastzellen auf der Hautoberfläche, die die empfangenen Signale über die Nervenbahnen zur Bewertung an dein Gehirn weiterleiten. Was kannst du gerade fühlen? Sitzt du oder liegst du? Wie fühlt sich deine Umgebung an? Warm oder kalt? Kannst du die Kleidung auf deiner Haut spüren oder den Wind im Gesicht? Wie fühlt sich dein Leben gerade an?

5. Nase: 2 Sachen, die du riechst

Wenn du nicht gerade Schnupfen hast, ist deine Nase ebenfalls mit jeder Menge hochspezialisierten Zellen ausgestattet, die

Gerüche wahrnehmen und zur Analyse weiterleiten können. So schützt dich dein Geruchssinn zum Beispiel vor verdorbenem Essen. Deine Umwelt hat sehr spezielle Gerüche. Welche kannst du gerade empfangen? Kocht dein Nachbar gerade Essen? Riecht es nach Regen?

6. Zunge: 1 Sache, die du schmeckst
Hast du gerade noch den letzten Kaffee auf der Zunge oder im besten Fall deinen letzten Kuss? Geschmack und Geruch gehören eng zusammen: Wer nicht riechen kann, kann meist auch nichts schmecken. Aber wenn du Geschmack wahrnimmst, bewertet dein Gehirn schwarz oder weiß: lecker, mag ich oder bäh, das schmeckt ja gar nicht. Hier geht es aber erstmal nur darum, deinen Geschmackssinn kurz bewusst anzusteuern ohne jede Bewertung. Was schmeckst du gerade?

285 Nice to know

Dein Geruchssinn entscheidet übrigens auch mit darüber, wen du magst und wen du unsympathisch findest. Jeder Mensch hat seinen eigenen „Duft". Die dafür verantwortlichen Botenstoffe heißen Pheromone und sie transportieren unbewusste Informationen. Sie werden auch als Soziohormone bezeichnet. Diese Botenstoffe werden, einfach ausgedrückt, von deinem Gehirn mit Emotionen verknüpft. Sie entscheiden also darüber, ob du jemanden „gut riechen" kannst oder nicht. Dein Körper verändert auch seinen Geruch, wenn du krank bist oder je nachdem, in welcher Zyklushälfte du bist, wenn du eine Frau bist. Seit der Erfindung von Deos und Parfüm wird der Ursprungssinn der Pheromone, den richtigen Partner zur Fortpflanzung zu finden, allerdings eher weniger benötigt. Vielleicht erklärt das auch einiges ...

TIME-OUT – KURZE PAUSE IM GEFECHT

286 Flucht als Chance

Im Verlauf eines Streits gibt es diesen einen Punkt, wo du dich entscheidest: Flucht oder Angriff. Diese Entscheidung verläuft meistens unbewusst und zusätzlich ist es auch eine Typfrage. Je nachdem, mit welcher Strategie du bisher gut durchs Leben gekommen bist, wirst du auch im Konflikt reagieren. Um in einer solchen Situation zurück zu deiner Gelassenheit zu finden, kann ein kurzes „Time-out" sehr sinnvoll sein. Es spricht nichts dagegen, die Szene kurz zu verlassen, sich zu sammeln und ein paarmal tief durchzuatmen. Du kannst dir damit auch wieder einen Zugang zu deinem Verstand verschaffen und dir in der kurzen Ruhepause einige Argumente zurechtlegen. Deinem Gegenüber gibst du damit ebenfalls eine Chance für eine Pause im Gefecht.

287 Eine Frage des Zeitpunkts

Wann genau der richtige Zeitpunkt ist, dir eine Auszeit von einer schwierigen oder unangenehmen Situation zu verschaffen, ist sehr individuell. Nur du kannst anhand deines Bauchgefühls und deiner Gefühlsampel entscheiden, wann du eine Pause brauchst und lieber kurz den Raum verlässt, bevor die Situation eskaliert (siehe auch # 312).

288 Eine Frage des Typs

Bist du eher impulsiv und lässt deinen Emotionen freien Lauf? Oder bist du eher ruhig, ziehst dich schnell zurück und überdenkst deine Handlungen im Konflikt lieber in Ruhe und für dich allein? Richtig oder falsch gibt es auch hier nicht, es ist alles in Ordnung, solange du dich damit wohl fühlst.

ABGRENZUNG – ICH BIN NICHT DU

289 Abstand halten

Wenn du dich in einem Konflikt angegriffen fühlst, kann es sein, dass du sehr emotional reagierst und dir die Kontrolle über deine Worte verloren geht. Dein Gegenüber hat eine ganz eigene Sicht auf die Situation und bewertet sie mit seinem eigenen Wertesystem. Damit musst du nicht unbedingt einverstanden sein. Es ist auch nicht nötig, sie in diesem akuten Moment nachvollziehen zu können. Jetzt geht es nur darum, dass du dich nicht provoziert fühlst und ruhig bleiben kannst.

290 Übung: Deine Seifenblase

Kennst du Bubble Soccer? Bei diesem Sport steckt man mit dem Oberkörper in riesengroßen, luftgefüllten, durchsichtigen Kunststoffbällen und versucht, mit seiner Mannschaft wie bei einem normalen Fußballspiel den Ball ins Tor des Gegners zu befördern. Dabei kann man herrlich gegeneinanderprallen, ohne sich gegenseitig wirklich zu berühren oder zu verletzen.

Stell dir bei deinem nächsten Konflikt oder in einer unangenehmen Situation vor, dass du und dein Gegenüber in solchen Bubbles stecken oder wahlweise in riesengroßen Seifenblasen, die allerdings nicht kaputtgehen können. Du kannst alles sehen und hören, es kann dich aber nichts berühren oder verletzen. Alles prallt an der glatten Hülle ab und kommt nicht bei dir an. Mit dieser Vorstellung kannst du dir immer einen schnellen Schutzschild bauen.

INSELN DER RUHE FÜR ZWISCHENDURCH – ICH BIN MAL KURZ WEG

Wie oft hast du dich schon an einen anderen Ort gewünscht, wenn gerade alles zu viel ist? Ich habe eine gute Nachricht für dich: Es gibt diesen Ort. Du musst ihn dir nur erschaffen. Diese Übung schenkt dir deine Insel der Ruhe „to go":

291 Übung: Imagine – dein Kraftort

Wie sieht der Ort aus, an dem du dich komplett wohl fühlst? Stell dir diesen Ort ganz genau vor, mit allen Sinnen und so detailliert wir möglich.

Wo bist du? In den Bergen, am Meer, in einer Bibliothek, in einem Heißluftballon, in einem Garten? Wie sieht es dort genau aus, was kannst du alles sehen? Gibt es Muscheln? Wie sieht der Himmel aus? Welche Farben und Formen haben die Pflanzen um dich herum, welche Bilder hängen an der Wand? Was hörst du? Wellen, Vögel, Wind oder knistert ein Kamin? Ist es warm oder eher kühl? Wie fühlt sich deine Umgebung an? Sitzt du am Strand, stehst du auf einer Wiese, ist der Waldboden weich? Wie riecht deine Umgebung? Nach Sonnencreme oder nach frischer Kräuterwiese? Wie geht es dir an diesem Ort?

Fühle, wie dich die Ruhe und Gelassenheit an diesem Ort durchströmen

292 Jedes Detail zählt

Je genauer du dir diesen Ort vorstellst, umso stärker ist der Effekt, den du mit dieser Übung erreichen kannst. Dein Körper wird allein durch die Kraft deiner Vorstellung anfangen, Glückshormone auszuschütten. Und diese Glückshormone verdrängen Stress, Angst und Anspannung.

293 Viel hilft viel

Dein Kraftort wird immer mehr Form annehmen, je öfter du ihn dir vorstellst. Am Anfang dauert es vielleicht etwas länger, bis er vor deinem inneren Auge erscheint und du die Kraft fühlen kannst. Mit der Zeit wirst du aber in Gedanken immer schneller dorthin reisen können, egal wo du gerade bist. Dein Kraftort ist immer bei dir und du kannst ihn jederzeit nutzen, um für eine kurze Zeit Ruhe und Energie aufzutanken.

SCHREIB DICH GLÜCKLICH – SCHREIBMEDITATION FÜR ZWISCHENDURCH

294 Übung 1. Schritt: Remember good Times

Du kannst nicht gleichzeitig traurig und glücklich sein. Wie du jetzt schon weißt, gibt es zwar indifferente Gefühle, aber die passenden Hormone dazu werden nacheinander vom Gehirn gesteuert freigesetzt. Wenn du also schöne Erinnerungen und die entsprechenden dazugehörigen Gefühle vor deinem inneren Auge wieder wachrufst, werden ganz automatisch Glückshormone aktiviert.

Diese nächste Übung ist also eine Zeitreise mit Glückskick. Nimm dir ein Blatt Papier oder dein Workbook und schreib dir selbst eine Art Postkarte. Darauf beschreibst du einen besonders schönen Moment in deinem Leben.

295 Übung 2. Schritt: Feel it

Fühl dich zurück in diesen Moment. Wie hat es dort ausgesehen? Was hattest du an? Wie war das Wetter? Was gab es zu essen? Wichtig ist vor allem, dass du das Glücksgefühl noch einmal hervorholst und versuchst, dich daran zu erinnern, wie superglücklich, zufrieden, dankbar, verliebt oder perfekt du dich in diesem Moment gefühlt hast.

Diese Übung kannst du beliebig oft wiederholen:

- Dein schönster Urlaubsmoment
- Der beste Sonnenuntergang
- Deine coolste Party
- Der beste Grillabend
- Ein schöner Moment mit Freunden/deinem Partner/deinen Kindern

Was fällt dir noch ein?

Entweder sammelst du diese Erinnerungen einzeln auf kleinen Zetteln in einer „Schuhkarton-Schatzkiste" oder in deinem Workbook bzw. Tagebuch. Wann immer du schnell eine Dusche schöner Momente brauchst, lies sie nach. Je mehr du sammelst, umso mehr wird dir bewusst werden, wie schön dein Leben ist.

 # 296 Collect moments, not things

Diese „Magic Moments" können natürlich die großen Momente in deinem Leben sein: dein erstes Auto, deine Hochzeit, die Geburt der Kinder, der Einzug in dein Haus usw. Aber die scheinbar ganz kleinen Momente werden genauso groß, wenn du lernst, sie wahrzunehmen. Wenn du dir vornimmst, deine Sammlung ständig um schöne Momente zu erweitern, wird sich dein Fokus automatisch darauf ausrichten, diese Momente zu finden. Geh auf die Suche und probiere es gleich heute aus!

GOODIE BAG – WAS TUT DIR GUT?

 # 297 Übung 1. Schritt: Seelentröster

In Momenten, in denen es dir nicht gut geht, hast du manchmal spontan keine Idee, was dir auf die Schnelle helfen könnte. Daher ist diese Übung hilfreich, wenn du sie in einer Zeit ausprobierst, in der du Ruhe und Zeit hast, dir über Folgendes Gedanken zu machen: Was tut dir eigentlich immer gut? (Dabei sollte es sich um relativ schnell zu realisierende Dinge handeln, die du nicht lange aufschieben musst.) Inspirationen könnten sein:

- Ein gutes Buch lesen
- Eine kurze Meditation
- Dein Lieblingsessen
- Eine Tasse Kaffee oder Tee
- Ein Anruf bei deiner besten Freundin/deinem besten Freund
- Sport
- Ein Besuch in der Sauna
- Ein Abend mit deiner Lieblingsserie

Was fällt dir noch ein?

298 Übung 2. Schritt: Ein Glas Goodies bitte ...

Schreib all die kleinen Seelentröster auf kleine (vielleicht bunte) Zettel, falte sie oder roll sie zusammen und sammele sie in einem Glas oder einem Karton. So hast du schnellen Zugriff und kannst dir im Notfall ein „Goodie" rausziehen. Jetzt ist es wichtig, dass du dich so schnell wie möglich an die Umsetzung machst. Schieb es nicht lange vor dir her. Je eher du dir etwas Gutes tust, umso eher füllst du deine Ressourcen wieder auf.

299 Vorfreude ist die schönste Freude

Für die Vorfreude ist ein bestimmtes Glückshormon zuständig, das du immer dann ausschüttest, wenn du an etwas Bevorstehendes denkst, worauf du dich freust. Dieses Glücksgefühl kann so kraftvoll sein, dass es deine unangenehmen Emotionen verdrängen kann. Wenn du also an etwas Schönes in der Zukunft denkst, wird sich wahrscheinlich automatisch deine Stimmung verbessern (siehe auch # 232).

RUHE DA OBEN – SPÄTER IST AUCH NOCH ZEIT

300 Raus aus dem Kopf – ab auf die Liste

Wenn du eigentlich gerade etwas Wichtiges zu tun hast, dich aber nicht konzentrieren kannst, weil dein Kopf scheinbar zu voll ist, oder wenn du nicht einschlafen kannst, weil deine Gedanken noch Samba tanzen, dann schreib alles auf (ins Handy, auf deinem Laptop oder ganz oldschool mit einem Stift auf einen Zettel), was du auf keinen Fall vergessen willst, was du aber später oder morgen auch noch erledigen kannst.

AUF KNOPFDRUCK ENTSPANNT – PMR

Die Abkürzung „PMR" steht für „progressive Muskelrelaxation". Der Arzt Edmund Jacobson hat diese leicht zu lernende Entspannungstechnik schon in den 1920er-Jahren entwickelt. Dabei stellte er fest, dass sich Stress, seelisches Empfinden und Muskelverspannungen gegenseitig beeinflussen. Im Umkehrschluss liegt es nahe, dass bewusste Muskelentspannung auch zur Linderung von Stresssymptomen beitragen kann.

301 Aktive Entspannung

Diese Methode ist besonders gut für dich geeignet, wenn du nicht ganz ruhig liegen möchtest oder kannst, um dich zu entspannen. Hier musst du bewusst etwas tun und kannst dich hinterher trotzdem leichter und entspannter fühlen.

Im Prinzip kannst du PMR immer und überall anwenden. Für den Anfang und für den größtmöglichen Effekt ist es allerdings gut, wenn du dich auf den Rücken legst, möglichst auf einer geraden Fläche. Das kann eine Yoga-Matte sein, ein Sofa, dein Bett oder ein Handtuch am Strand.

302 Übung 1. Schritt: Atmen

Versuche, mit ein paar tiefen Atemzügen deine Zellen mit Sauerstoff zu versorgen. Atme langsam und bewusst, möglichst tief in deinen Bauch. Schließe dabei die Augen, wenn du magst, um dich ganz auf deinen Körper zu konzentrieren.

303 Übung 2. Schritt: Anspannen – Entspannen

Jetzt spannst du nach und nach verschiedene Teile deines Körpers an. Beginne mit deinen Händen. Spanne abwechselnd die Muskulatur der rechten und linken Hand an, atme dabei ein. Entspanne nacheinander die Hände wieder und atme dabei tief aus. Danach beide Hände gleichzeitig anspannen, einatmen und bei der Entspannung wieder ausatmen. Jetzt erweiterst du diese Übung auf die Arme. Danach sind abwechselnd die Füße an der Reihe, dann die Beine usw.

304 Tipp: Von Kopf bis Fuß

Um kein Körperteil zu vergessen, ist mein Tipp: Überlege dir eine immer wiederkehrende Reihenfolge für deine Übungen. Entweder beginnst du vom Gesicht abwärts oder von den Füßen aufwärts. Eine Übungsfolge sollte immer von oben nach unten, von unten nach oben, von außen nach innen und wieder zurück gehen (oder umgekehrt). So ist jeder Körperteil zweimal an dieser Übung beteiligt.

Beispiele:

- Kopf
- Nacken
- Gesicht (Stirn, Nase, Mund)

- Schultern
- Bauch
- Arme
- Hände
- Beine
- Füße

305 Übung: Die Last auf deinen Schultern

Viele meiner Klient:innen berichten von Verspannungen im Bereich der Schultern: eine von vielen klassischen Körperregionen, in denen sich Stress auf der muskulären Ebene zeigt. Das liegt zum einen an der Körperhaltung, wenn du zum Beispiel viel am Schreibtisch sitzt. Zum anderen neigst du dazu, unbewusst die Schultern anzuspannen und nach oben zu ziehen, wenn du dich gestresst fühlst. Ziehe doch einmal bewusst deine Schultern nach oben, dann nach hinten und dann nach unten. Diese Übung wiederholst du dreimal hintereinander, wann immer du merkst, dass du angespannt bist.

306 Übung: Grimassen, die entspannen

Wird dir auch manchmal bewusst, dass du dein Gesicht vor lauter Gedanken und Stress angespannt hast? Dann wird es Zeit, immer mal zwischendurch eine kleine PMR-Übung für deine Gesichtsmuskeln einzubauen. Ziehe dazu abwechselnd wilde Grimassen und versuche danach, deine Gesichtsmuskeln bewusst locker zu lassen und zu entspannen. Noch effektiver wird diese Übung, wenn du drei Atemzüge lang bei jeder Ausatmung versuchst, noch ein kleines bisschen mehr loszulassen und noch mehr zu entspannen.

307 Störungen haben immer Vorrang

Egal welche Körperregion sich für dich am meisten angespannt anfühlt – du solltest ihr die größte Aufmerksamkeit widmen. Hier kannst du bei deinen Übungen öfter einen „Zwischenstopp" einlegen und diese Teile deines Körpers besonders sorgfältig an- und entspannen.

308 Wiederholungstäter

Wie bei vielen Übungen ist dein Erfolg auch hier davon abhängig, wie oft du sie praktizierst und anwendest. Je mehr Routine du darin bekommst, umso schneller wirst du auch den Erfolg spüren können. Für den Anfang empfehle ich dir: Probiere es doch regelmäßig abends einfach im Bett vorm Schlafen aus. Du liegst sowieso schon im Bett, da bietet es sich praktisch an, ohne dass du einen neuen Tagesordnungspunkt auf deine wahrscheinlich sowieso schon volle To-do-Liste schreiben musst.

IMMER MAL ZWISCHENDURCH

309 Übung: Turn the music on

Erstell dir eine Playlist deiner absoluten „Empower-me-gute-Laune-ich-kann-nicht-ohne-tanzen"-Lieblingssongs. Immer wenn du schnell ein emotionales „Lift-up" brauchst, lass diese Songs laufen, dreh die Lautstärke auf und lass dich von der Musik mitreißen. Das Gleiche gilt natürlich auch, wenn du nach einem stressigen Tag runterkommen möchtest. Dann hast du demnächst hoffentlich eine Playlist mit den Songs, die dich in eine ruhige Stimmung versetzen, die sich leicht anfühlen und dir ein paar Minuten Cool-down gönnen.

310 Dankbarkeit macht glücklich

Dankbarkeit ist ein starkes Trostpflaster. In jedem Moment, egal wie schwierig es sich gerade für dich anfühlt, wirst du wahrscheinlich etwas finden, für das du in deinem Leben dankbar bist. Deine Freunde, Familie, deine Gesundheit, dein Zuhause … Dass du immer, wenn du Dankbarkeit empfindest, auch Glückshormone ausschüttest, wird dir helfen, damit dir dein akutes Problem gleich etwas weniger schlimm erscheint.

311 Übung zur Dankbarkeit

Überleg dir doch jetzt schon mal, für welche fünf bis zehn Dinge bzw. Umstände du in deinem Leben generell dankbar bist. Was genau macht dich dankbar? Denk dabei an deine Familie, deine Freunde, dein Zuhause und an dein Arbeitsumfeld, aber auch an deine Talente und das, worauf du stolz bist. Jetzt hast du eine gute Basis der guten Dinge im Leben, an die du dich, wenn du unzufrieden oder traurig bist, erinnern kannst.

Kapitel 4:

Der ganz normale Wahnsinn und Lösungen dafür

BEISPIELE AUS ALLTAG, BERUF UND FAMILIE

Ich berate und begleite unterschiedliche Menschen seit Jahren in verschiedenen Bereichen ihres Lebens. In diesem Kapitel stelle ich dir viele Beispiele mit den dazugehörigen Lösungsideen aus den wichtigsten Lebensbereichen Alltag, Familie und Beruf vor.

312 Gefühlsampel

Um zu erkennen, wann du kurz davor bist, deine Gelassenheit in den verschiedensten Situationen zu verlieren, kannst du dir deine Emotionen wie eine Ampel vorstellen. Wenn es dir gut geht und du ganz gelassen bist, ist „alles im grünen Bereich". Wenn deine Geduld sich dem Ende neigt oder deine Gelassenheit schwindet, ist dein Gefühlslevel wahrnehmbar auf einem kritischen Niveau angekommen und deine Gefühlsampel ist bereits „gelb". Das ist der Zeitpunkt, an dem du noch handeln kannst und auch solltest. Wenn deine Ampel auf „Rot" umschaltet, haben deine Emotionen kurzfristig die Kontrolle übernommen und in solchen Momenten kannst du kaum noch auf deinen Verstand zurückgreifen.

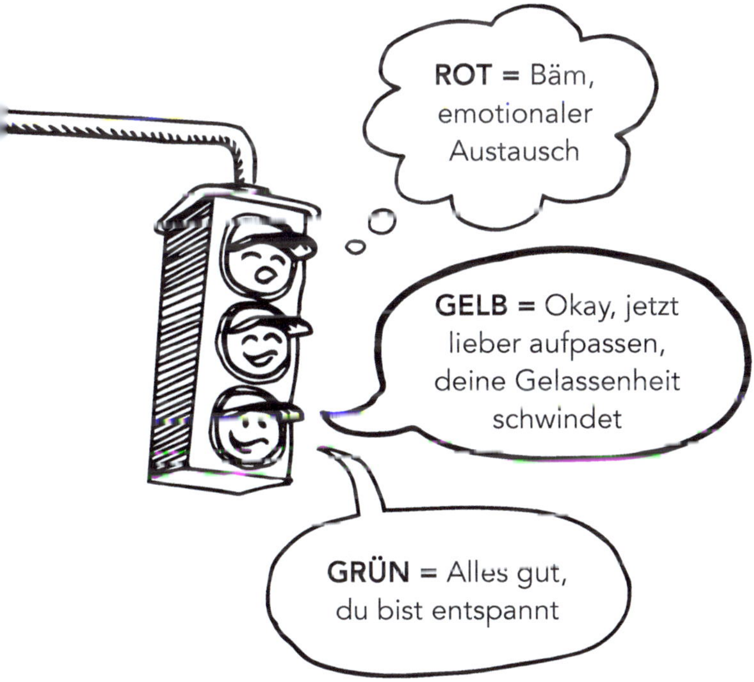

DER GANZ NORMALE WAHNSINN AKA ALLTAG

313 Thank you for traveling ...

Imagine: Du hast einen Termin und findest dich plötzlich in einem Stau auf der Autobahn wieder oder dein Anschlusszug fällt plötzlich aus. Es geht nicht voran und eine kurzfristige Lösung ist so schnell nicht in Sicht. Die Zeit rennt, du kommst nicht weiter. Langsam, aber sicher wirst du nervös. Zum einen möchtest du pünktlich kommen, denn es ist dir wichtig, zuverlässig zu sein. Zum anderen kannst du derzeit aber nicht beeinflussen, wie schnell sich dein Problem erledigen wird.

Was kannst du tun?

Das Wichtigste zuerst: Ruhe bewahren und ein paarmal tief durchatmen, um deinen Herzschlag zu beruhigen (siehe auch # 281), danach informierst du die Menschen, die auf dich warten, über deine Verspätung. Als Nächstes habe ich ein paar Ideen für dich, die dir in dieser Situation deine Gelassenheit zurückbringen können.

314 Leitfaden zur Gelassenheit

Folgender Gedankengang kann dir helfen:

1. Kannst du jetzt im Moment etwas tun, zum Beispiel einen alternativen Weg fahren oder einen Bus statt des Zugs nehmen? – Dann kannst du jetzt handeln!
2. Wenn du im Moment nichts tun kannst, dann nutze die Zeit für eine Mini-Me-Time oder eine Atemübung. Atme langsam durch die Nase ein und durch den Mund aus. Stell dir dabei vor, du bist an deinem Lieblingsort (siehe auch # 291).
3. Überleg dir, was das Gute an dieser Situation ist, und nutze die Zeit. Vielleicht hattest du keine Zeit zum Frühstücken

und kannst das jetzt nachholen? Oder du hörst endlich mal wieder eine Folge deines Lieblings-Podcasts, zu der du sonst nicht kommst?

Diese Ideen können dir helfen, positive Gefühle in dir hervorzurufen, und das sorgt dafür, dass dein Stresslevel reaktiv sinkt.

315 Bitte warten Sie ...

Imagine: Du möchtest telefonisch etwas klären und landest in einer Warteschleife. Es dauert ewig, bis du überhaupt verbunden wirst, dann erwartet dich ein freundlicher Sprachcomputer, der dir auf jeden Fall nicht helfen kann. Du versuchst verzweifelt, den Computer davon zu überzeugen, dass du einen realen Mitarbeiter sprechen möchtest. Endlich, nach einer halben Ewigkeit hast du jemanden am Telefon, der dann allerdings in der falschen Abteilung sitzt ... to be continued ... Deine ursprüngliche Frage ist mittlerweile in deinem Kopf zu einer Beschwerde geworden und am liebsten würdest du gleich dein Handy an die Wand werfen. Schluss mit Gelassenheit!

Was kannst du tun?
Wenn du merkst, dass deine Gefühlsampel von Grün auf Gelb springt, solltest du dir folgende Fragen stellen: Kannst du einen alternativen Weg finden, um dein Anliegen zu klären? Gibt es vielleicht eine Filiale, an die du dich wenden kannst? Kannst du eine E-Mail oder einen Brief schicken? Kannst du zu einem anderen Zeitpunkt anrufen, wenn du selbst vielleicht mehr Zeit und Ruhe hast? Kannst du jemand anderen, der dabei nicht so schnell aus der Gelassenheit gerät, bitten, diese Aufgabe für dich zu übernehmen?

316 Hätt ich dich heut erwartet, hätt ich Kuchen da ...

Imagine: Du wolltest gerade in Ruhe deinen Schreibtisch aufräumen und plötzlich klingelt es. Deine Mutter/Nachbarin/Kollegin ist spontan vorbeigekommen und würde gerne mit dir einen Kaffee trinken. Du möchtest nicht unhöflich sein, aber dir schießen 1.000 Gedanken durch den Kopf. Es ist nicht ordentlich ... Ich hätte etwas Dringendes zu tun … Ich habe nichts vorbereitet … Ich habe nicht mal Kekse … Wie reagierst du?

Was kannst du tun?
Du musst eine Entscheidung treffen. Wert oder Bedürfnis? Wenn du deinem Wert, höflich sein zu wollen, folgst und die Person hereinbittest, egal ob du aufgeräumt hast oder nicht, dann nutze diese ungeplante Pause auch bewusst und genieße den Kaffee in Ruhe.

317 Authentizität – sei du selbst

Wenn du dich entscheidest, dich nicht der Spontanität deines Besuchs anzupassen, und lieber deinem Bedürfnis nach zum Beispiel „Ordnung" folgst, dann hilft dir Authentizität. Erzähl deinem Besuch von deinen Plänen und sag ehrlich, dass es dir im Moment gerade nicht passt. Vielleicht findet ihr einen gemeinsamen, besseren Zeitpunkt für eine Verabredung? (Siehe auch # 178.)

318 Und dann kam alles anders als gedacht

Dein Leben ist gut strukturiert, du hast Pläne und eigentlich könnte alles reibungslos ablaufen. Nur leider entspricht diese Wunschvorstellung in den seltensten Fällen der Realität. Denn:

„Leben ist das, was dir passiert, während du eifrig dabei bist, andere Pläne zu schmieden."

– JOHN LENNON

Scheinbar immer dann, wenn du es am wenigsten gebrauchen kannst, passieren unvorhersehbare kleine Katastrophen. Deine Gelassenheit wird strapaziert, da du aufgrund deiner sonstigen To-dos meistens gerade auch keine Zeit für solche Ereignisse hast.

Was kannst du tun?
Plane dir für jeden Tag oder jede Woche ein bestimmtes Zeitfenster, in dem du dich, falls es nötig wird, um diese unerwarteten Herausforderungen kümmern kannst. Falls du diese Zeit dann

doch nicht brauchst, hast du eine Zeitreserve geschaffen, die du für deine Selbstfürsorge nutzen kannst.

319 Kleine Katastrophen

Du musst zu einem dringenden Termin und findest deinen Schlüsselbund nicht. Du durchsuchst alle Taschen und dein Puls steigt. Oder: Du hast dich auf eine Veranstaltung gefreut und plötzlich fühlst du dich nicht mehr wohl und du bleibst zu Hause, weil du krank bist. Oder: Du hast heute ein wichtiges Meeting und kurz vor dem Termin schüttest du dir Kaffee über dein Hemd bzw. deine Bluse. Sicher fallen dir auch noch sehr viele andere Beispiele ein.

„You can't stop the waves, but you can learn to surf."

Dieses Zitat von Jon Kabat-Zinn, einem Vordenker zum Thema moderne Achtsamkeit, erinnert mich immer daran, dass du Dinge vielleicht nicht verändern kannst, du kannst aber das Beste daraus machen. Die zwei Fragen, die du dir immer, wenn dir „kleine Katastrophen" passieren, stellen kannst, lauten:

- Was ist das Gute daran?
- Wie kann ich das Beste aus der Situation machen?

Diese beiden Fragen richten deinen Fokus automatisch auf eine positive Betrachtungsweise und auf eine mögliche Lösung. Während du mit der Suche nach positiven Aspekten und nach Lösungen beschäftigt bist, kannst du dich nicht gleichzeitig ärgern. Das schont deine Gelassenheit wesentlich.

320 Was soll daran gut sein?

Zurück zu den Beispielen:

- Du findest deine Schlüssel nicht: Bei dieser Gelegenheit hast du endlich mal deine Taschen aufgeräumt und von unnötigen Dingen befreit. Vielleicht findest du neben deinen Schlüsseln Dinge wieder, die du schon länger vermisst hast?

- Du bist krank geworden: Schade um die Veranstaltung. Vielleicht kannst du die Karte einer Freundin geben und ihr damit eine Freude machen?
- Du hast deinen Kaffee auf deinem Oberteil verteilt: Humor kann helfen. Sicher kennen die anderen Teilnehmenden des Meetings ähnliche Situationen auch. Berichte ihnen mit einem Lächeln von deinem „Kampf mit dem Kaffee" und davon, „dass der Kaffee, wie man sehen kann, gewonnen hat". Und falls du noch etwas Zeit hast: Wolltest du nicht schon immer in den Laden nebenan, um dir das schicke Teil aus dem Schaufenster zu kaufen? Jetzt hast du einen Grund!

Du findest in all diesen Situationen sicher etwas, das deine Lage etwas besser macht oder rettet.

321 Ach Mensch ...

Imagine: Du selbst bist ganz entspannt und startest gut gelaunt in deinen Tag. Dann kommen die lieben Mitmenschen dazu und nach kurzer Zeit ist es mit der Gelassenheit dahin. Der Typ, der sich an der Tankstelle deine Tanksäule schnappt, die ältere Dame, die sich an der Kasse vordrängelt, der Radfahrer, der dir die Vorfahrt nimmt ...

„Nicht ärgern, nur wundern."

– DEUTSCHES SPRICHWORT

Du hast die Wahl zwischen zwei Optionen: Du kannst dich aufregen und ärgern. Dein Puls steigt und dein Energielevel sinkt. Du kannst die Menschen ansprechen und einen Konflikt provozieren. Die andere Möglichkeit ist: Du siehst dir das Verhalten der anderen an und statt dich zu ärgern, wunderst du dich. Stell dir dafür folgende Fragen: Was kann dein Gegenüber zu diesem Verhalten verleitet haben? Haben die Menschen überhaupt bemerkt, dass sie deine Grenze in diesen Situationen überschritten haben? Vielleicht hatten sie noch mehr Zeitstress als du? Vielleicht haben sie so viel im Kopf, dass sie dich gar nicht wahrgenommen haben? Das entschuldigt das Verhalten nicht, aber es hilft dir, deine innere Haltung zu verändern und gelassener auf deine Mitmenschen zu reagieren.

WE ARE FAMILY – FAMILIE UND BEZIEHUNG

Themen in der Familie und in engen Beziehungen bringen uns noch viel schneller aus der Gelassenheit als Situationen, die mit entfernteren Bekannten oder fremden Menschen zu tun haben.

Konflikte

 # 322 Nähe und Distanz

Je näher dir ein Mensch emotional ist, umso weniger gut kannst du dich abgrenzen. Nähe und Distanz sind zeitgleich schwierig. Im zweiten Teil des Buches hast du beim Thema Kommunikation etwas über die vier Ohren gelesen, mit den du die Botschaften deines Gegenübers empfängst. In engen Beziehungen neigen wir dazu, die Botschaften auf dem Beziehungs- oder Appell-Ohr zu hören, so dass das dazu führen kann, dass wir alles „persönlich" nehmen und uns schnell angegriffen fühlen (siehe auch # 185).

Was kannst du tun?

Wenn du in Konflikten mit deinen Liebsten schnell aus der Gelassenheit gerätst und deine Gefühlsampel auf „Gelb" springt, kannst du dir folgende fünf Fragen, die an die Gewaltfreie Kommunikation nach Marshall Rosenberg[49] angelehnt sind, stellen:

- Was genau an der Aussage meines Gegenübers triggert gerade meine Emotionen?
- Welcher Teil der Aussage trifft mich gerade am meisten?
- Was würde ich hören, wenn ich nur die Sachbotschaft hören könnte?
- Welches Bedürfnis möchte mir mein Gegenüber mitteilen?
- Welches Bedürfnis habe ich gerade in diesem Moment?

Diese Überlegungen können dir helfen, die persönliche Ebene eines Konfliktes zu minimieren, und dir einen Perspektivwechsel ermöglichen. So kannst du in Konflikten gelassener bleiben. Für dich, aber auch für deinen Herzensmenschen.

323 Ich will Recht haben

Konflikte sind ganz normal. Immer wenn du Menschen begegnest, musst du dein Verhältnis, die Situation und deine Reaktionen praktisch ständig neu im Kopf „berechnen". Jeder Mensch ist einzigartig, hat unterschiedliche Bedürfnisse, Erfahrungen, Grenzen und Werte. Daraus ergeben sich unterschiedliche Standpunkte und daraus Konflikte. Es geht oft nicht darum, wer „Recht" hat, denn jeder hat seine eigene Wahrheit. Es geht meistens eher darum, wer sich mit seinen Interessen durchsetzt.

324 Reibung erzeugt Wärme

Wenn du deine Haltung zu Konflikten dahingehend änderst, dass sie ein Gewinn für deine Beziehung sein können, dann kannst du auch gelassener mit vielen Situationen umgehen. Jeder Konflikt lässt dich dein Gegenüber besser kennenlernen. Jeder Streit ist eine Chance, euer Miteinander auf das nächste Level zu heben. Jede Auseinandersetzung gibt auch deinem Gegenüber die Chance, dich besser zu verstehen, und kann euer zukünftiges Verhältnis noch enger werden lassen.

325 Das kannst du nicht erwarten

Eine enttäuschte Erwartungshaltung kann deine Gelassenheit schnell in die Knie zwingen. Du hast dir eine Situation vorgestellt, hattest Hoffnungen oder deine Erwartungen auf deine Beziehung übertragen und dann ist alles ganz anders. Deine Erwartung vom romantischen Dinner beim Italiener endet an der Pommesbude. Du hast erwartet, deine Freundin holt dich vom Flughafen ab, sie hatte aber andere Pläne. Du bist enttäuscht und vielleicht sogar wütend.

<u>Was kannst du tun?</u>
Wenn du bestimmte Erwartungen hast und keine ungewollten Überraschungen erleben möchtest, bleibt dir nur eine Alternative: Kläre deine Wünsche und Vorstellungen im Vorfeld. Leider kann niemand deine Gedanken lesen wie ein Buch. Nur so kannst du verhindern, dass deine Vorstellungen zu stark von denen deines Gegenübers abweichen und du im Nachhinein traurig bist oder enttäuscht wirst.

Eifersucht

326 Eifersucht

Diese fiese Mischung aus Selbstzweifel, mangelndem Vertrauen und Kontrollverlust bringt jeden, der dieses Gefühl kennt, aus der Gelassenheit. Eifersucht und Gelassenheit sind wie Wasser und Öl. Sie können nicht nebeneinander existieren.

<u>Was kannst du tun?</u>
Als Emotion steht deine Angst hier im Vordergrund: die Angst, nicht mehr an erster Stelle zu stehen, die Kontrolle zu verlieren und deinen Partner gleich mit. Was du jetzt brauchst, ist Sicherheit: die Sicherheit, wichtig zu sein, geliebt zu werden und nicht verletzt zu werden. In einer solchen Situation ist es wichtig, dass du dich offen und authentisch mitteilst. Sprich mit deinem Partner über deine Situation, deine Gefühle und auch die Auslöser, die diese Emotionen in dir hervorgerufen haben.

327 Nice to know

Eifersucht entsteht immer dann, wenn du geliebte Menschen nicht teilen möchtest. Dabei ist es egal, ob es deinen Partner, einen Freund oder als Kind deine Eltern betrifft. Es kann sogar sein, dass du im Job die Gunst deines Chefs nicht teilen möchtest und auf eine Kollegin eifersüchtig bist und du glaubst, deine Position bei deinem Gegenüber ist gefährdet. Eifersucht ist ein sehr mächtiger Cocktail, der dich dazu bringen kann, nicht mehr du selbst zu sein.[50]

Eltern sein - Alltag mit Kindern

328 Die lieben Kleinen

Eltern empfinden den Alltag mit Kindern in vielen Situationen als Gelassenheitskiller. Du liebst deine Kinder über alles, aber sie können dir den letzten Nerv rauben. Du bist gereizt, wirst laut und schlussendlich hast du am Ende des Tages ein schlechtes Gewissen, weil du nicht die Mutter/der Vater warst, die/der du gerne sein würdest.

329 Kinder sind keine kleinen Erwachsenen

Wenn die Kinder nicht so „funktionieren", wie du es von ihnen erwartest, kann deine Gelassenheit ganz schön schnell das Weite suchen. Vereinfacht erklärt hat das zwei hauptsächliche Gründe: Zum einen haben Kinder ganz andere Bedürfnisse als Erwachsene. Zum Beispiel ist das Bedürfnis zu spielen bei Kindern genauso groß wie das Bedürfnis zu essen und zu schlafen und für die kindliche Entwicklung von enormer Bedeutung.[51] Das Bedürfnis nach Ordnung ist hingegen noch nicht vorhanden. Zum anderen können Kinder, je kleiner sie sind, nur wenig Verständnis für die Bedürfnisse von Erwachsenen entwickeln. Oft geht es nicht darum, dass sie nicht „hören" können, sie verstehen dich in deinen Bedürfnissen und deinem „erwachsenen" Alltag einfach nicht. Das gegenseitige Unverständnis sorgt dafür, dass deine Nerven schnell blank liegen, denn es fällt uns Erwachsenen schwer, wie ein Kind zu denken. Kinder können hingegen gar nicht wie Erwachsene denken, denn sie sind Kinder.

330 Kein Platz für Bedürfnisse

Ein weiterer Hauptgrund dafür, dass im Alltag mit Kindern deine Gelassenheit schwindet, sind deine nicht erfüllten Bedürfnisse. In deinem gesamten erwachsenen Leben hast du Entscheidungen immer für dich allein getroffen: wann du aufstehst, was du essen möchtest, mit wem und wie du deine Freizeit verbringst. Jetzt hast du Kinder und damit geht eine ganz neue Verantwortung einher. Plötzlich stehen die Kids an erster Stelle: Ihre Bedürfnisse stehen über deinen. Du bekommst nicht mehr genug Schlaf, weil deine Kids nicht schlafen können. Du bekommst nicht genug Ruhe, denn deine Kinder brauchen dich. Du hast kaum noch Freizeit, denn deine Kinder sind immer bei dir. Das alles saugt Energie.

Was kannst du tun?

Nur wenn es dir gut geht, geht es auch deiner Familie gut. Schau nochmal auf deine Liste der Bedürfnisse. Welche Bedürfnisse kommen viel zu kurz und was kannst du tun? Es ist wichtig, dass du gut für dich sorgst, denn deine Energiereserven müssen jetzt für mehr als eine Person (DICH) reichen.

Vielleicht freuen sich Oma und Opa, die Patentante oder deine beste Freundin, wenn deine Kinder für eine Nacht zu Besuch kommen? So hast du wertvolle Zeit für eine Me-Time und kannst zusätzlich ausschlafen. In den meisten Fällen freuen sich auch deine Kids und so haben alle einen Mehrwert.

331 Fortlaufende Arbeit

Der Haushalt läuft eben (leider) nicht davon. Was tust du in der Zeit, wenn deine Kinder Mittagsschlaf machen? Aufräumen, Wäsche sortieren oder kochen? Wenn deine Akkus leer sind, macht es viel mehr Sinn, dass du diese Zeit für dich nutzt. Mach ein Power-Napping, gönn dir einen Tee in der Sonne, schließ die Augen und hör zum Beispiel ein Hörbuch. Aufräumen und der Haushalt sind nicht so wichtig, solange du deine Kraftreserven nicht aufgefüllt hast.

332 Help, I need somebody

Kennst du das afrikanische Sprichwort „Um ein Kind großzuziehen, braucht es ein ganzes Dorf"? Da unsere Gesellschaft heute aber eher in Städten als in Dörfern lebt, musst du dir anders helfen. Für die meisten Eltern trifft es zu, dass wir keine Erfahrungen und auch keine Ausbildung im Umgang oder in der Erziehung eigener Kinder haben. Zum Glück gibt es aber Menschen, die Eltern bei allen Fragestellungen professionell unterstützen und beraten. Sicherlich gibt es auch in deiner Nähe geschultes Fachpersonal. Wenn du das Gefühl hast, dass du Unterstützung brauchst, dann hol dir Hilfe. Erziehungsberatungen, Familienzentren und Fachberatungen gibt es sicherlich auch in deiner Nähe.

333 Lese- und Hörtipp

Ich habe an dieser Stelle einen wertvollen Tipp für alle Eltern und Großeltern: **„Gemeinsam aus dem Mamsterrad"**. Imke Dohmen und Judith Möhlenhof haben einen Elternratgeber herausgebracht und es gibt auch einen passenden Podcast, den ich dir ans Herz legen möchte. Hier findest du viele neue Erkenntnisse, um dein Kind besser zu verstehen, und viele Tipps, um im Alltag mit den Kleinen gelassener und entspannter zu bleiben.

334 Wut und Trotz

Trotzige Kinder, die sich wie kleine Wutmonster benehmen, können elterliche Gelassenheit im Handumdrehen verpuffen lassen. Das liegt zum einen daran, dass du als erwachsener Mensch die Wut deines Kindes oft nicht nachvollziehen kannst, zum anderen oft auch daran, dass deine eigenen Gelassenheitsreserven nicht genug gefüllt sind.

Wenn du mal wieder einem Wutausbruch deines kleinen Lieblings ausgesetzt bist, erinnere dich an das erste Kapitel, in dem wir uns mit deinen Emotionen beschäftigt haben. Auch bei Kindern, die den Umgang mit ihren Emotionen erst noch lernen müssen, steckt hinter einem Verhalten eine Emotion (in dem Fall Wut) und hinter der Wut ein Bedürfnis.

Wenn du es schaffst, die Wut deines Kindes von der Metaebene zu betrachten und innerlich einen Schritt zurückzutreten, kannst du dir folgende Frage stellen: Was ist das wahre Bedürfnis hinter der

Wut? Hat dein Kind Hunger, braucht es Nähe und deine Aufmerksamkeit oder ist es müde? Jetzt kannst du bewusst handeln.

335 Nice to know

Die Bedürfnisse deines Kindes zu erkennen und zu erfüllen ist natürlich wichtig, Wunscherfüllung hingegen muss nicht unbedingt sein. Du kannst in solchen Fällen Verständnis für die Wut deines Kindes zeigen, aber alle Wünsche erfüllen musst du deshalb nicht. Du bist ja kein Flaschengeist. Dein Kind darf lernen, mit Enttäuschung und dem Gefühl umzugehen, den eigenen Willen nicht immer zu bekommen. Und dafür haben sie ihre ganze Kindheit Zeit (siehe auch # 27).

336 Kompromisse finden

Wenn dein Kind die Grenzen neu setzen möchte, scheinbar gegen die Regeln rebelliert und deine Gelassenheit ramponiert: Bleib im Gespräch und frag dein Kind, was es gerade braucht und was es sich wünscht. In manchen Momenten sind Kompromisse und Verständnis wertvoller als Erziehung und Regeln. Auch hier gilt: Hol dir Unterstützung, wenn du nicht weißt, wie du dich richtig verhalten sollst. Du holst dir ja auch Hilfe, wenn du dein Haus renovierst, weil du es nicht gelernt hast.

Und jetzt zu dir!

337 Me, myself and I

Die wichtigste Beziehung in deinem Leben ist die zu dir selbst. Deine Einstellung zu dir, wie du dich selbst siehst, wie gut du für dich sorgst und wie du über dich urteilst, ist eine weitere wichtige Säule deiner Gelassenheit. Es ist gut und richtig, wenn du dich reflektierst, an dir arbeitest und wachsen möchtest.

338 Verzeihung, bitte

Genauso wichtig ist es aber, dich ab und an auch zu loben, dich zu feiern und dir auch Fehler zu verzeihen. Niemand ist perfekt. Wenn du aus deinen Fehlern etwas gelernt hast, kannst du dir selbst auf die Schulter klopfen und dir verzeihen. Selbstbewusstsein, Selbstfürsorge und Selbstverantwortung sind Balsam für die Seele und damit auch für deine Gelassenheit.

WORK, WORK, WORK – BEISPIELE AUS DEM BERUF

Die BIG 5

Wenn ich mit meinen Klient:innen über ihren beruflichen Alltag spreche, gibt es fünf Themen, die die Gelassenheit besonders gefährden und auf die ich auf den folgenden Seiten eingehen möchte.

1. Überlastung durch Zeitdruck oder mangelndes Wissen
2. Mangelnde Work-Life-Balance
3. Konflikte am Arbeitsplatz
4. Mangelnde Wertschätzung
5. Äußere Umstände (Arbeitsumgebung/Arbeitsweg/ Schichtdienst etc.)

339 Überlastung

Eine Überlastung an deinem Arbeitsplatz kann unterschiedliche Ursachen haben. Um wieder mehr Gelassenheit in deinem Job zu empfinden, solltest du dich auf die Suche nach dem Grund deiner Überlastung machen. Gibt es zu wenig Mitarbeitende für die zu erledigenden Aufgaben? Stehen dir die nötigen Arbeitsmaterialien bzw. nicht genug Technik zur Verfügung? Fehlt es dir an Fachwissen, um deine Aufgaben in der vorgegeben Zeit zu erledigen? Ist deine Struktur bzw. dein Zeitmanagement in Ordnung?

Was kannst du tun?
Wenn du weißt, was der Grund für deine Überlastung ist, kannst du handeln, um deine Gelassenheit wiederzufinden. Du kannst zum Beispiel eine Liste mit Verbesserungsvorschlägen erstellen und mit deinen Vorgesetzten darüber sprechen. Du könntest bei deinen Kolleg:innen um fachliche Hilfe bitten. Du kannst deine Zeiteinteilung überprüfen und dir eventuell ein Training organisieren. Das Wichtigste ist: Sprich mit den Menschen, die dich unterstützen und Entscheidungen zur Verbesserung der Situation treffen können.

340 Work-Life-Balance

Wenn du dich an das Thema Balanceakt im zweiten Kapitel erinnerst, dann weißt du auch, warum deine Work-Life-Balance so wichtig für deine Gelassenheit ist. Ich weiß, es ist wirklich schwierig, sich selbst im Alltag nicht aus den Augen zu verlieren. Besonders dann, wenn du scheinbar keine Wahl hast. Versuche dennoch, den Fokus darauf zu legen, dass du zwar arbeitest, um dein Leben zu finanzieren, du aber auch noch ein Leben neben deiner Arbeit brauchst, für das es sich zu arbeiten lohnt.

Was kannst du tun?
Überlege dir, wo du deine Waage wieder ein wenig mehr ins Gleichgewicht bringen kannst: Morgens eher anfangen, um nachmittags mit deiner Familie schwimmen zu gehen? Ein Homeoffice-Tag und in der gesparten Fahrzeit eine Runde joggen? Was fällt dir noch ein?

341 Konflikte am Arbeitsplatz

Eine angespannte Atmosphäre ist nicht schön und deine Gelassenheit hat schon wieder Feierabend, bevor du überhaupt angefangen hast zu arbeiten. Als Mediatorin weiß ich, wie sehr Konflikte das Leben meiner Klient:innen beeinflussen können. Darunter leidet irgendwann auch die Qualität deiner Arbeit. Daher ist es wichtig, dass du diese Konflikte klären kannst, um gelassen mit deinen Kolleg:innen umgehen zu können.

Was kannst du tun?
Im ersten Schritt kannst du ein Gespräch suchen und versuchen, den Konflikt selbst zu lösen. Vielleicht ist es auch nur ein Missverständ-

nis, das sich leicht aus der Welt schaffen lässt. Wenn du dir das allein nicht zutraust, dann hol dir Hilfe. Viele Arbeitgeber haben das Störpotential von ungelösten Konflikten mittlerweile erkannt und sind bereit zu helfen. Entweder gibt es in deinem Unternehmen bereits Mediatoren, Konfliktlotsen oder Ähnliches oder vielleicht ist dein Arbeitgeber auch bereit, eine:n externe Mediator:in einzuladen.

342 Mangelnde Wertschätzung

Wertschätzung auf beruflicher Ebene hat unterschiedliche Ausdrucksformen. Zum einen ist dein Gehalt eine Wertschätzung dafür, dass du deine Zeit und deine Energie dem Unternehmen zur Verfügung stellst. Zum anderen ist es aber auch wichtig, dass du persönliche Anerkennung für deine Leistungen bekommst. Das kann ein Lob deines/deiner Vorgesetzten sein, eine Beförderung oder ein Bonus in Form von Geld oder Sachleistungen. Wenn du aber jeden Tag zur Arbeit gehst, dein Bestes gibst und keine ausreichende Anerkennung bekommst, dann leidet deine Gelassenheit gleich mit.

Was kannst du tun?

Wie wäre es, wenn du ein Mitarbeiter- bzw. Feedbackgespräch proaktiv einfordern würdest? In dieser Situation kannst du dir positive Kritik abholen und dein Wachstumspotential besprechen. Welche Aufstiegschancen hast du und was sind die Erwartungshaltungen dafür? In solchen Gesprächen kannst du viele Informationen bekommen, deine Position und deine Gelassenheit stärken.

343 Äußere Umstände

Wo du arbeitest, wie dein Arbeitsplatz und deine Arbeitszeiten gestaltet sind, hast du wahrscheinlich schon bei deiner Einstellung gewusst. Wenn du später feststellst, dass dich die Umstände deine Gelassenheit kosten, musst du dir überlegen, wie weit du diese für dich positiv verändern kannst. Kannst du zum Beispiel Schichten tauschen, einen Wohnort näher am Arbeitsplatz finden oder dich versetzen lassen? Denk auch noch einmal daran: Du hast immer eine Wahl. Ob du bleibst oder gehst, ist deine Entscheidung.

Kapitel 5:

Langfristig gelassen und entspannt

USE IT OR LOOSE IT

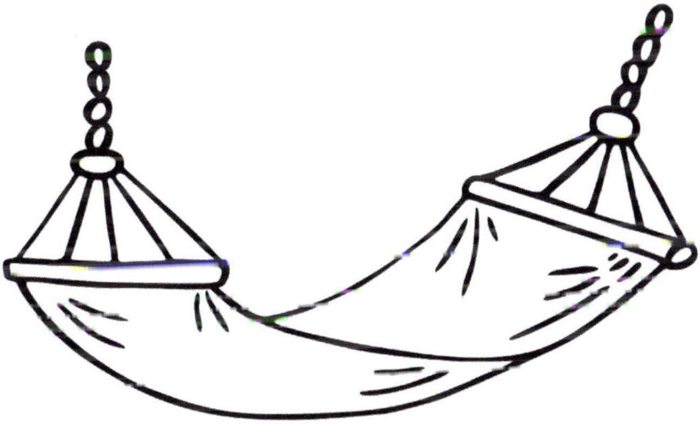

WAS FÜR EINE AUSSICHT

Wenn du es bis hierher geschafft hast, hast du eine Menge gelesen, vermutlich jede Menge reflektiert und viele Übungen ausprobiert. Jetzt hast du deinen ersten Aufstieg gemeistert. Manchmal war es bis hierher bestimmt auch etwas anstrengend und du wolltest vielleicht auch aufgeben. Aber du hast auch eine Menge gelernt und deine Mühe wird mit mehr Gelassenheit im Leben belohnt. Jetzt ist es Zeit, deinen Erfolg zu genießen. Die nächsten Gipfel der Gelassenheit, die du erklimmen kannst, kommen wahrscheinlich von ganz alleine. Dein Leben wird dir immer wieder neue Herausforderungen schenken, in denen du deine Gelassenheit trainieren kannst. Stell dir diese Herausforderungen wie Berggipfel vor, die du – einen nach dem anderen – erobern kannst. Die Aussicht, die du erhältst, wenn du es geschafft hast, lohnt sich jedes Mal und immer wieder.

In diesem Kapitel geht es deshalb abschließend um wertvolle Strategien, wie du deine Gelassenheit langfristig sichern kannst.

 # 344 Der Weg zur Gelassenheit ist ein Berg, kein Hügel

Du hast sicher schon festgestellt, dass diese Sache mit der Gelassenheit eine ganze Menge Facetten hat. Ständig kann dir etwas in den Weg geraten, was deine Gelassenheit ins Stolpern bringt. Umso wichtiger ist es, dass dir bewusst ist, dass Gelassenheit eine innere Haltung ist, kein kurzfristiges Projekt, das du dir einmal vornimmst und das dann „fertig" ist.

 # 345 Bleib im Training

Es wird Phasen im Leben geben, da läuft es ganz gut. Zum Beispiel wenn du verliebt bist oder gerade aus einem langen Urlaub zurückkommst. Dann ist die Welt sowieso rosarot und dich bringt so schnell nichts aus der Ruhe. Super, in diesen Momenten ist dein Gelassenheitstraining tatsächlich nicht so wichtig. Erfahrungsgemäß holt dich dein Leben aber schneller wieder ein, als es dir lieb ist, und dann merkst du, dass deine Gelassenheit etwas aus der Übung geraten ist. Kein Problem, Gelassenheit kannst du nicht verlernen, du musst dir nur deine Strategien zurück ins Gedächtnis holen.

346 Remember good times

Nachdem du dir in diesem Buch deine Gelassenheit Stück für Stück erarbeitet hast, solltest du jetzt eine ganze Menge Notizen oder ein individuelles Workbook voller Tipps und Tools haben. Dieses erarbeitete Wissen ist wie dein Fotoalbum mit Erinnerungen, auf die du immer wieder zurückgreifen kannst.

347 Übung: Look at me

Schau dir deine gesammelten Erinnerungen noch einmal in Ruhe an. Markiere die Übungen und Gedanken, die dich am meisten beeindruckt haben bzw. die, die dir bisher am besten geholfen haben. Auf diese Tools kann dein Verstand später am schnellsten zurückgreifen, weil sie dir am ehesten in Erinnerung bleiben. Daher ist mein Tipp an dieser Stelle: Such dir fünf Übungen aus und schreibe sie in Stichworten auf ein Extrablatt oder in dein Handy. Diese Liste solltest du immer greifbar haben – als zusätzlichen Anker und zur Unterstützung, wenn du dich langfristig erinnern möchtest, was du schon alles gelernt hast.

DIE MACHT DER RITUALE

Rituale sind vermutlich so alt wie die Menschheitsgeschichte. In allen Teilen der Welt, in allen Bevölkerungsgruppen und - schichten gehören Rituale zum Leben. Sie verbinden Menschen zu Familien, zu Gemeinschaften, zu Kulturen. Ein Ritual kann dich aber auch mit dir selbst verbinden. Nach dem Motto: me, myself and I.[52]

348 Gewohnheit vs. Ritual

Wenn du eine Handlung immer wieder wiederholst, zur gleichen Zeit mit gleichem Ablauf, dann ist es erstmal nur eine Gewohnheit. Wenn du diese Gewohnheit aber zelebrierst und so zu etwas Besonderem machst, wenn es dir plötzlich wichtig ist und du nicht mehr darauf verzichten möchtest, dann wird sie zu einem Ritual. Rituale geben deinem Handeln die Atmosphäre von etwas Besonderem.

349 Die Bedeutung macht den Unterschied

Der Unterschied zwischen Gewohnheit und Ritual liegt in der Bedeutung für dich. Während Zähneputzen für die meisten Menschen eher eine Gewohnheit ist, kann die erste Tasse Kaffee am Morgen schon ein Ritual sein, wenn du sie mit Vorfreude zubereitest und den ersten Schluck mit geschlossenen Augen genießt.

Um deine Gelassenheit langfristig zu sichern, können dir Rituale helfen. Wenn du ein tägliches Gelassenheitsritual in deinen Tagesablauf einbindest, kannst du deine Gelassenheit trainieren, ohne dass du dich immer wieder neu dazu überwinden musst.

350 Sie fügen noch dazu ...

Für ein gelungenes Gelassenheitsritual brauchst du folgende Zutaten:

- Eine regelmäßig (am besten täglich) wiederkehrende Reflexion.
- Eine für dich passende Tageszeit.
- Einen sicheren, ruhigen und angenehmen Ort.
- Individuelle Tools (wie ein Tagebuch, eine Yogamatte oder Ähnliches).
- Ca. 10–30 Minuten Zeit, in der du nichts anderes zu tun hast.

351 Übung 1. Schritt: Zauber dir dein Ritual

Im ersten Schritt überlegst du dir, zu welcher Tageszeit du in deinem Alltag am besten ein regelmäßiges Ritual integrieren könntest. Kannst du morgens eine halbe Stunde eher aufstehen, kannst du deine Mittagspause um 30 Minuten verlängern oder hast du eher am Abend vor dem Schlafen noch ein wenig Zeit?

352 Übung 2. Schritt: Ort der Begegnung

Wo du dein Ritual am liebsten durchführen möchtest, ist natürlich auch ganz dir und deinem Wohlbefinden überlassen. Du solltest, gerade am Anfang, einen ruhigen Ort wählen, an dem du nicht gestört wirst und den du mit positiven Gefühlen verbindest, zum Beispiel deinen Lieblingssessel, dein Bett, den Wald, deine Yogamatte ... Welcher Ort wird deine Begegnungsstätte mit dir selbst?

353 Übung 3. Schritt: Wie möchtest du deine Gelassenheit feiern?

Rituale laufen immer gleich ab. Überleg dir, wie du dein Ritual am schönsten gestalten könntest. Möchtest du dir eine Kerze anzünden oder bestimmte Musik dabei hören (diese Musik könntest du auch als Taschenanker nutzen; siehe auch # 80)? Möchtest du vielleicht sogar eine bestimmte Kleidung dabei tragen (sowas wie ein Gelassenheits-Shirt – das hat schon immer funktioniert, sonst hätten die Superhelden nicht alle einen eigenen Superheldenanzug)?

354 Übung 4. Schritt: Wähle deine Übung

Im nächsten Schritt überlegst du dir, welche Art zu reflektieren für dich die angenehmste ist. Was kannst du dir am besten für dein Ritual vorstellen?

- Eine stille Meditation
- Tagebuch schreiben

- Einen Spaziergang
- Ein Gespräch

Welche Ideen hast du noch?

355 Übung 5. Schritt: Reflexion in Perfektion

Um dich zu deiner gewählten Zeit, mit deiner gewählten Form regelmäßig mit deiner Gelassenheit zu treffen, habe ich dir hier ein paar Fragen zusammengestellt, die dir helfen können, dich zu reflektieren und die Gelassenheit immer wieder kurz in den Mittelpunkt zu stellen.

- Was hat dich heute aus der Gelassenheit gebracht bzw. was könnte dich heute aus der Gelassenheit bringen?
- Wie hast du reagiert?
- Wie hättest du gerne anders reagiert?
- Was ist heute schon gut gelaufen, wo bist du stolz auf dich?
- Was möchtest du heute bzw. morgen noch anders machen oder neu ausprobieren?
- Was oder wer könnte dir heute bzw. morgen dabei helfen, gelassen zu bleiben?

Du kannst diese Rituale am Anfang öfter zelebrieren, wenn du es brauchst. Wenn du bereits nachhaltig gelassener bist, dann verlängere die Intervalle auf zum Beispiel einmal in der Woche.

356 Erfolge feiern

Wenn du an einem Tag das Gefühl hattest, dass ein guter Tag für deine Gelassenheit war, oder auch nur an einem bestimmten Moment festmachen kannst, dass du in diesem Moment gelassen und entspannt geblieben bist, dann darfst du das feiern! Belohne dich, freue dich, erzähle es deinen Liebsten. Je mehr du auch die kleinen Momente groß machst, umso mehr verknüpft dein Gehirn, dass Gelassenheit glücklich macht, und es wird dir nach und nach immer leichter fallen, gelassen zu bleiben.

ICH ZUERST! – SELBSTFÜRSORGE ALS SELBSTVERSTÄNDNIS

357 Energietank

Diese wertvolle Methode aus dem Coaching-Bereich kann dir helfen, deine persönlichen Energieräuber zu identifizieren. Stell dir vor, du hast neben deinen Organen in deinem Körper zusätzlich einen Energietank. Hier sammelt sich deine Energie, die du für dich und andere verbrauchen kannst. Immer wenn du etwas tust, das nicht deinen Bedürfnissen, Werten oder deiner Freude dient, verbrauchst du etwas Energie aus deinem Tank. Immer dann, wenn du etwas für deine Selbstfürsorge tust, wenn du dich über etwas freust, wenn du deine Bedürfnisse befriedigst, füllt sich dieser Tank mit neuer Energie.

358 Tankanzeige

Deine Gelassenheit ist wie eine Tankanzeige für deine Energie. Wenn du schnell gereizt oder müde bist, bei jeder Kleinigkeit emotional wirst, dann ist dein Tank vermutlich schon ziemlich leer. Es wird dringend Zeit, dir etwas Gutes zu tun!

Solange dein Tank gut gefüllt ist, kannst du daraus deinen Bedarf an Energie decken. Wenn du allerdings täglich mehr Energie verbrauchst, als du wieder einfüllst, wird dein Energiereservoir nach und nach weniger Inhalt haben. Du kannst eine Zeitlang mit sehr kleinen Energiereserven funktionieren, aber langfristig gefährdest du nicht nur deine Gelassenheit, sondern auch deine Gesundheit. Schlimmstenfalls endest du in einem Burn-out.[53] Du kannst nur so viel Energie für dich und andere verbrauchen, wie du auch hast.

359 Übung 1. Schritt: Dein Energietank

Male auf ein Blatt Papier eine Art Gefäß, das deinen Energietank darstellt. Dann zeichnest du einen Querstrich ungefähr dort ein, wo du dein Energielevel gerade vermutest. Jetzt malst du auf die eine Seite vom Tank ein paar Pfeile, die aus deinem Energietank herauskommen, und beschriftest sie mit allem, was dir gerade Energie raubt.

360 Übung 2. Schritt: Einmal volltanken bitte

Auf die andere Seite vom Tank malst du die Pfeile, die in den Tank gerichtet sind, und ergänzt die Dinge, die deine Energie wieder auffüllen können. Diese Übung kannst du immer wieder zur Visualisierung nutzen, wenn du dich fragst, was dir gerade deine Gelassenheit raubt und was du tun könntest, um deinen Tank wieder zu füllen.

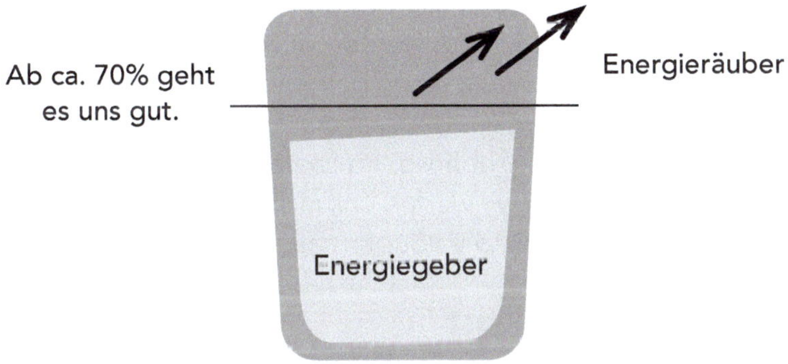

361 Nice to know

Je weniger Restenergie in deinem Tank übrig ist, umso länger brauchst du, um deinen Tank wieder vollständig aufzufüllen. Es ist ähnlich wie bei deinem Auto: Wenn du mit einem halb leeren Tank zur Tankstelle fährst, dann geht es schneller, bis du vollgetankt hast. Wenn dein Autotank schon ziemlich leer ist und du tankst nur halb voll, dann reicht auch die neue Energie nicht weit.

362 Selbstfürsorge als langfristige Prävention

Um nicht nach kurzer Zeit wieder in den Strudel von Alltag, zu vielen Herausforderungen und nachlassender Gelassenheit zu geraten, ist es nicht nur in Ordnung, dass du ab und zu an dich denkst, es ist sogar von essenzieller Bedeutung!

363 Schwäche ist nicht das Gegenteil von Stärke, sie gehört dazu!

In unserer Leistungsgesellschaft wird Schwäche zeigen viel zu wenig wertgeschätzt. Wenn du merkst, dass sich dein Energietank dem Ende neigt, dann zeige „Schwäche" und rede darüber. Frag nach Unterstützung und fülle deine Reserven wieder auf. Es ist eine Stärke, rechtzeitig zu merken, wann es dir zu viel wird, und es ist ebenfalls eine Stärke, auf deine Bedürfnisse zu schauen und deine Selbstfürsorge nicht zu vernachlässigen.

364 Nice to know

Kinder sind in den meisten Fällen wahre Meister der Selbstfürsorge. Wenn sie Hunger haben, dann werden sie so lange auf sich aufmerksam machen, bis sie etwas zu essen bekommen. Wenn sie etwas nicht wollen, dann lassen sie es uns deutlich und laut wissen. Wenn sie etwas unbedingt haben wollen, ebenso. Im Laufe der Jahre passen wir uns der Gesellschaft an und wir werfen uns nicht mehr für einen dringend benötigten Latte macchiato im Supermarkt auf den Fußboden.

365 Last, but not least

Um Gelassenheit zu lernen und langfristig zu trainieren, habe ich noch einen letzten, so einfachen wie effektiven Tipp für dich: Mensch ärgere dich nicht! Als Kinder brauchen wir Spielen wie Essen und Schlafen für unsere Entwicklung. Wir lernen im Spiel, wie wir uns in der Gesellschaft verhalten sollten, und können alles ausprobieren, ohne Schaden anzurichten. Gesellschaftsspiele helfen uns, mit unseren Gefühlen in Kontakt zu kommen und Gefühle wie Wut und Enttäuschung auszuhalten. Wir lernen, uns mit anderen zu freuen, und genießen es zu gewinnen. Indem du wieder mehr spielst, hast du viel Spaß und kannst ganz nebenbei deine Gelassenheit trainieren!

Schlusswort

Liebe Leserin, lieber Leser,

dies ist zwar das Ende des Buches, aber für dich vielleicht der Anfang von etwas Neuem. Denn Gelassenheit ist schlussendlich auch eine innere Haltung, die du dein ganzes Leben praktizieren und trainieren darfst. Seit Jahren pflege ich einen Brauch, indem ich mir zum Jahreswechsel überlege, welche beruflichen und persönlichen Themen und Ziele im neuen Jahr meine besondere Aufmerksamkeit bekommen sollen. Ein Buch wie dieses zu schreiben, stand schon sehr lange auf dieser „Bucket List". Immer kam etwas dazwischen und ich hatte nie die Zeit und Gelegenheit, dieses Herzensprojekt umzusetzen. Wie sich herausgestellt hat, war das auch gut so. Denn in diesem Jahr kam aus heiterem Himmel genau die Gelegenheit, auf die ich insgeheim wohl immer gewartet hatte. Während ich dieses Buch über Gelassenheit geschrieben habe, hat mir das Leben selbst jede Menge Lerngeschenke und Übungsbeispiele zur Verfügung gestellt, um die ich vorher nicht gebeten hatte. Auch das war rückblickend ein Segen, denn dadurch ist der Inhalt des Buches in vielen Situationen direkt noch einmal von mir persönlich auf Tauglichkeit geprüft worden.

„Verstehen kann man das Leben rückwärts;
leben muss man es aber vorwärts."

– SØREN KIERKEGAARD

In diesem Sinne möchte ich dir noch einen letzten Gedanken mit auf den Weg geben: Auch wenn dir viele Situationen die Gelassenheit rauben, du weißt nie, wofür es im Nachhinein gut war. Auch wenn dir manche Situationen erstmal sinnlos erscheinen, kannst du sie mit diesem Gedanken gelassener hinnehmen. Bleib im Training, gehe deinen Weg weiter, gib nicht auf, auch wenn der Weg zum nächsten Gipfel der Gelassenheit mal steil und holprig ist. Du kannst es schaffen, nachhaltig mehr Entspannung und Lebensfreude in dein Leben zu integrieren.

Ich komme gerade aus den Bergen, bei deren Anblick ich immer wieder sehr demütig denke, wie klein manche groß empfundenen Probleme eigentlich in Wahrheit sind. Jetzt sitze ich gerade am Flughafen in Wien und schreibe diese letzten Zeilen. In den letzten Wochen habe ich oft genug gezweifelt, ob ich es wohl rechtzeitig schaffe, dieses Buch pünktlich fertig zu stellen. Jetzt ist es so weit und ich kann es selbst kaum glauben. Am Ende ist eben doch alles gut, auch wenn auch ich in Sachen Gelassenheit in den letzten Monaten noch viel dazulernen durfte. Meine Zeit mit diesem Projekt ist fast beendet, umso mehr hoffe ich, dass es noch viele Menschen wie dich dort draußen inspiriert und zu mehr Gelassenheit verhilft.

Gelassene Grüße

Saskia

EINE KLEINE BITTE AN DICH

Liebe Leserin, lieber Leser,

vielen lieben Dank dafür, dass du mein Buch gelesen hast. Das freut mich sehr! Ich hoffe, dass dir mein Buch dabei hilft, dein Leben nachhaltig entspannter und ausgeglichener zu gestalten, und dir Hilfe und Halt gibt in herausfordernden Situationen.

Ich freue mich sehr, wenn dir mein Buch gefallen hat und du mich mit einer Rezension unterstützt. Rezensionen, aber auch Weiterempfehlungen sind für mich als freie Autorin äußerst wichtig.

Alles erdenklich Gute und eine wunderschöne Zeit mit deinen Liebsten!

Saskia

ÜBER DIE AUTORIN

Saskia Druskeit ist Coachin, Trainerin, zertifizierte Mediatorin und Heilpraktikerin mit Schwerpunkt Psychosomatik. Sie ist Gründerin von YouRetreat und Inhaberin und Dozentin der Natur-Wissen Heilpraktikerschule.

Mit Expertise und Feingefühl unterstützt sie ihre Klienten dabei, ihre individuellen Ziele zu erreichen – ganz egal ob beruflich oder privat, ob Unternehmen, Teams, Paare oder Einzelkunden.

In ihrer Praxis sowie in diversen Seminaren und Workshops begleitet sie Menschen dabei, alte Verhaltensmuster aufzubrechen und neue Potentiale zu entfalten, um so den Weg zur inneren Ruhe, Gelassenheit und Balance zu finden und die volle Kraft auszuschöpfen.

Mehr unter: www.youretreat.de

DANKSAGUNG

Dankbarkeit macht glücklich, deshalb möchte ich mich auch von Herzen bedanken:

Bei dir, dafür dass ich dich ein Stück deines Weges zu mehr Gelassenheit begleiten durfte.

Bei meiner Verlegerin, dafür dass du mich gefunden hast, für dein Vertrauen in mich und für deine professionelle und gleichzeitig freundschaftliche Begleitung bei diesem Projekt.

Bei den großartigsten Kindern der Welt, dafür dass ihr seit eurer Geburt meine Lehrer und Meister in Sachen Gelassenheit schlechthin seid. Ihr seid gelassen, wenn ich es nicht bin, und zeitgleich sorgt ihr dafür, dass ich nicht aus der Übung komme. Ihr seid die Liebe meines Lebens und ich bin unendlich stolz auf euch!

Bei meiner Familie und meinen Lieblingsfreunden, für eure Unterstützung und euer Verständnis dafür, dass ich in den letzten Monaten so wenig Zeit für euch hatte und viel weniger für euch da sein konnte, als ihr es verdient hättet. Ihr habt mich trotzdem ermutigt, zwischendurch getröstet, ihr habt mich versorgt und mir den Rücken freigehalten. Ohne euch wäre es nicht gegangen!

Bei meinem Herzensmenschen, dafür dass du meine Launen (nicht nur) in dieser Zeit mit so viel Liebe, Geduld und Gelassenheit mitgetragen hast und für mich da bist.

Bei meiner Soulsister dafür, dass ich jederzeit bei dir eine Auszeit nehmen kann und du mich bedingungslos liebst, egal wie turbulent mein Leben gerade ist. Du bist immer wieder MEIN leuchtendes Vorbild in Sachen Gelassenheit, Lebensfreude, Selbstironie und Freundlichkeit.

Bei meinem Leben, dafür dass es es trotz aller Turbulenzen doch gut mit mir gemeint hat und mir immer wieder Gelegenheit zum Wachstum gegeben hat.

HAFTUNGSAUSSCHLUSS

Dieses Buch enthält Meinungen und Ideen des Autors und hat die Absicht, Menschen hilfreiches und informatives Wissen zu vermitteln. Die enthaltenen Strategien passen möglicherweise nicht zu jedem Leser, und es gibt keine Garantie dafür, dass sie auch wirklich bei jedem funktionieren. Die Benutzung dieses Buchs und die Umsetzung der darin enthaltenden Informationen erfolgt ausdrücklich auf eigenes Risiko. Haftungsansprüche gegen den Autor für Schäden materieller oder ideeller Art, die durch die Nutzung oder Nichtnutzung der Informationen bzw. durch die Nutzung fehlerhafter und/oder unvollständiger Informationen verursacht wurden, sind ausdrücklich ausgeschlossen. Das Werk, inklusive aller Inhalte, gewährt keine Garantie oder Gewähr für Aktualität, Korrektheit, Vollständigkeit und Qualität der bereitgestellten Informationen. Druckfehler und Fehlinformationen können nicht vollständig ausgeschlossen werden.

MEDIZINISCHER HAFTUNGSAUSSCHUSS

Die hier dargestellten Inhalte dienen ausschließlich der neutralen Information, Weiterbildung und Unterhaltung. Sie stellen keine Empfehlung oder Bewerbung der beschriebenen oder erwähnten diagnostischen Methoden oder Behandlungen dar. Der Text ersetzt keinesfalls eine medizinische Beratung durch einen Arzt oder Apotheker und er darf nicht als Basis zur eigenständigen Diagnose und Beginn, *Änderung* oder Beendigung einer Behandlung von Krankheiten verwendet werden. Bei gesundheitlichen Fragen, Beschwerden oder Problemen konsultieren Sie immer Ihren Arzt!

ANMERKUNGEN

[1] Vgl. https://www.oberbergkliniken.de/artikel/die-macht-von-unterdrueckten-gefuehlen-wie-sich-innere-wut-auf-die-psychische-gesundheit-auswirken-kann, Zugriff am 30.06.2022 um 16.23 Uhr.

[2] Vgl. https://www.schlaf.de/ratgeber/schlafhygiene/schlafdauer/, Zugriff am 04.07.2022 um 09.05 Uhr.

[3] Vgl. https://www.spektrum.de/news/die-gesetze-der-freundschaft/1190912, Zugriff am 04.07.22 um 09.40 Uhr.

[4] Vgl. ebd.

[5] Vgl. https://attachment-parenting.de/wuensche-vs-beduerfnisse-wie-unterscheidet-man-sie/, Zugriff am 30.06.2022 um 18.22 Uhr.

[6] Vgl. https://michaela-arlinghaus.de/2021/04/23/was-ist-der-unterschied-zwischen-werten-und-beduerfnissen/, Zugriff am 30.06.2022 um 21.09 Uhr.

[7] Vgl. https://emotionen-lesen-lernen.de/7-basisemotionen-nach-paul-ekman/, Zugriff am 01.07.2022 um 11.48 Uhr.

[8] Vgl. https://www.welt.de/wissenschaft/article1958002/Warum-Angst-fuer-den-Menschen-so-wichtig-ist.html, Zugriff am 01.07.2022 um 11.52 Uhr.

[9] Vgl. https://www.spektrum.de/lexikon/psychologie/wut/1702, Zugriff am 04.07.2022 um 10.03 Uhr.

[10] Vgl. https://www.geo.de/magazine/geo-kompakt/15270-rtkl-psychologie-heilsamer-zorn-ueber-die-wut-und-ihre-positiven, Zugriff am 29.06.2022 um 10.56 Uhr.

[11] Vgl. https://www.therapie.de/psyche/info/ratgeber/lebenshilfe-artikel/trauer/artikel/, Zugriff am 29.06.2022 um 11.16 Uhr.

[12] Vgl. https://www.emotion.de/persoenlichkeit/hoeren-sie-auf-ihr-bauchgefuehl, Zugriff am 04.07.2022 um 13.33 Uhr.

[13] Vgl. https://www.brigitte.de/liebe/persoenlichkeit/psychologie--deshalb-ist-aufgeben-viel-besser-als-sein-ruf-13173072.html, Zugriff am 04.07.2022 um 14.08 Uhr.

[14] Vgl. ebd.

[15] Vgl. https://zeitzuleben.de/glaubenssatze-nur-weil-sie-etwas-glauben-muss-es-nicht-auch-wahr-sein/, Zugriff am 05.07.2022 um 13.28 Uhr.

[16] Vgl. https://www.oberbergkliniken.de/artikel/perfektionismus, Zugriff am 05.07.2022 um 11.54 Uhr.

[17] Vgl. https://karrierebibel.de/pareto-prinzip/, Zugriff am 05.07.2022 um 12.37 Uhr.

[18] Vgl. https://www.quarks.de/gesellschaft/psychologie/darum-schaemen-wir-uns/, Zugriff am 06.07.2022 um 10.50 Uhr.

[19] Vgl. https://www.7mind.de/magazin/neid-definition-umgang-psychologie-missgunst, Zugriff am 06.07.2022 um 11.41 Uhr.

[20] Vgl. https://www.spektrum.de/news/die-psychologie-des-stolzes/1538073, Zugriff am 06.07.2022 um 11.49 Uhr.

[21] Vgl. https://beebalanced.ch/gesundheit/sympathikus-parasympathikus/, Zugriff am 02.07.2022 um 14.52 Uhr.

[22] Vgl. https://gesund.bund.de/stress#stresssymptome, Zugriff am 02.07.2022 um 14.52 Uhr.

[23] Vgl. https://www.dak.de/dak/gegen-stress/positiver-und-negativer-stress-2426854.html#/, Zugriff am 02.07.2022 um 15.19 Uhr.

[24] Vgl. ebd.

[25] Vgl. https://www.spektrum.de/magazin/wenn-fernsehen-zur-droge-wird/828684, Zugriff am 02.07.2022 um 13.14 Uhr.

[26] Vgl. https://www.studienstrategie.de/zeitmanagement/zeitmanagement-tipps/, Zugriff am 05.07.2022 um 15.25 Uhr.

[27] Vgl. https://www.schulz-von-thun.de/die-modelle/das-kommunikationsquadrat, Zugriff am 07.07.2022 um 12.30 Uhr.

[28] Vgl. https://www.rnd.de/wissen/was-passiert-im-gehirn-wahrend-wir-schlafen-studie-mit-neuen-erkenntnissen-veroffentlicht-RF6IJNQ6VZLLSGQLCNKZPTMNAE.html, Zugriff am 24.07.2022 um 10.54 Uhr; vgl. auch https://www.welt.de/wissenschaft/article3411612/Die-heimliche-Macht-des-Unbewussten.html, Zugriff am 24.07.2022 um 11.01 Uhr.

[29] Vgl. https://www.resilienz-akademie.com/resilienz/, Zugriff am 06.07.2022 um 13.39 Uhr.

[30] Vgl. https://www.7mind.de/magazin/resilienz-uebungen-innere-staerke-tipps, Zugriff am 06.07.2022 um 14.01 Uhr.

[31] Vgl. https://www.biologie-seite.de/Biologie/Anpassungsfähigkeit, Zugriff am 06.07.2022 um 16.39 Uhr.

[32] Vgl. https://www.planet-wissen.de/gesellschaft/psychologie/resilienz/index.html, Zugriff am 21.06.2022 um 13.55 Uhr.

[33] Vgl. https://www.duden.de/rechtschreibung/Krise, Zugriff am 21.06.22 um 14.05 Uhr.

[34] Vgl. https://www.duden.de/rechtschreibung/Empathie, Zugriff am 21.06.22 um 13.58 Uhr.

[35] Vgl. https://www.plantura.garden/gruenes-leben/ernaehrung/gesunde-nuesse, Zugriff am 20.07.2022 um 09.06 Uhr.

[36] Vgl. https://www.womenshealth.de/soulsister/soul-food/nervennahrung-lebensmittel-gegen-stress/, Zugriff am 21.06.22 um 13.55 Uhr.

[37] Vgl. https://www.tk.de/techniker/magazin/life-balance/besser-schlafen/wie-viel-schlaf-braucht-der-mensch-2006852, Zugriff am 06.07.2022 um 16.41 Uhr.

[38] Vgl. https://www.laekh.de/heftarchiv/ausgabe/artikel/2021/mai-2021/schlaf-schlaflosigkeit-und-depression, Zugriff am 24.07.2022 um 11.10 Uhr.

[39] Vgl. https://www.tk.de/techniker/magazin/life-balance/besser-schlafen/wie-viel-schlaf-braucht-der-mensch-2006852, Zugriff am 06.07.2022 um 16.47 Uhr.

[40] Vgl. https://www.meine-gesundheit.de/ratgeber/schlaf/schlafphasen, Zugriff am 06.07.2022 um 17.01 Uhr.

[41] Vgl. https://www.cerascreen.de/blogs/gesundheitsportal/oestrogen-oestrogenmangel-und-oestrogendominanz, Zugriff am 28.06.2022 um 09.49 Uhr.

[42] Vgl. https://progesteron.net/progesteron-psyche/, Zugriff am 22.06.2022 um 09.28 Uhr

[43] Vgl. https://www.testosteronwerte.de/testosteron-psyche/, Zugriff am 28.06.2022 um 10.03 Uhr.

[44] Vgl. https://www.neurologen-und-psychiater-im-netz.org/psychiatrie-psychosomatik-psychotherapie/psychosomatik/, Zugriff am 21.06.2022 um 13.55 Uhr.

[45] Vgl. https://praxistipps.focus.de/was-ist-spa-die-bedeutung-einfach-erklaert_130616, Zugriff am 21.06.2022 um 15.16 Uhr.

[46] Vgl. Ursel Bühring und Michaela Girsch: „Praxis Heilpflanzenkunde", Haug Verlag, Stuttgart 2016, S. 260 ff.

[47] Vgl. https://www.geo.de/wissen/gesundheit/19816-rtkl-aetherische-oele-geheimnis-gelueftet-warum-lavendel-wirklich-beruhigend, Zugriff am 06.07.2022 um 12.55 Uhr.

[48] Vgl. https://hrv-herzratenvariabilität.de/2016/03/atmung-bewegt-herzschlag/, Zugriff am 24.07.2022 um 11.23 Uhr.

[49] Vgl. https://www.gfk-info.de/was-ist-gewaltfreie-kommunikation/, Zugriff am 13.07.2022 um 10.00 Uhr.

[50] Vgl. https://dorsch.hogrefe.com/stichwort/eifersucht, Zugriff am 13.07.2022 um 09.58 Uhr.

[51] Vgl. https://www.kindergesundheit-info.de/themen/spielen/hauptsache-spielen/spielen-ist-gesund/, Zugriff am 13.07.2022 um 10.18 Uhr.

[52] Vgl. https://lexikon.stangl.eu/18053/ritual, Zugriff am 12.07.2022 um 08.28 Uhr.

[53] Vgl. https://www.deutsche-apotheker-zeitung.de/daz-az/2016/daz-15-2016/burn-out-wenn-der-akku-leer-ist, Zugriff am 12.07.2022 um 08.52 Uhr.